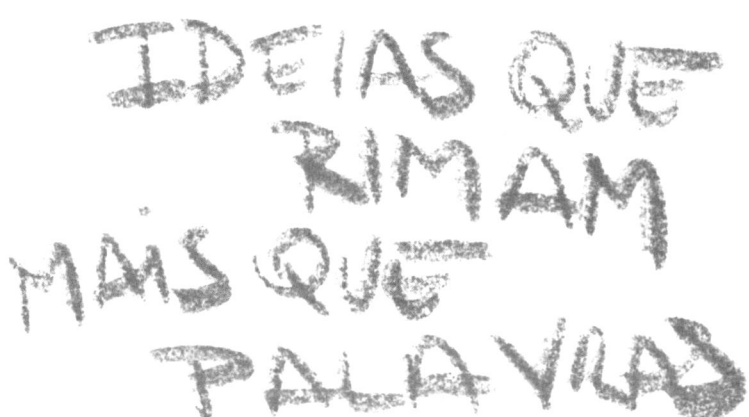

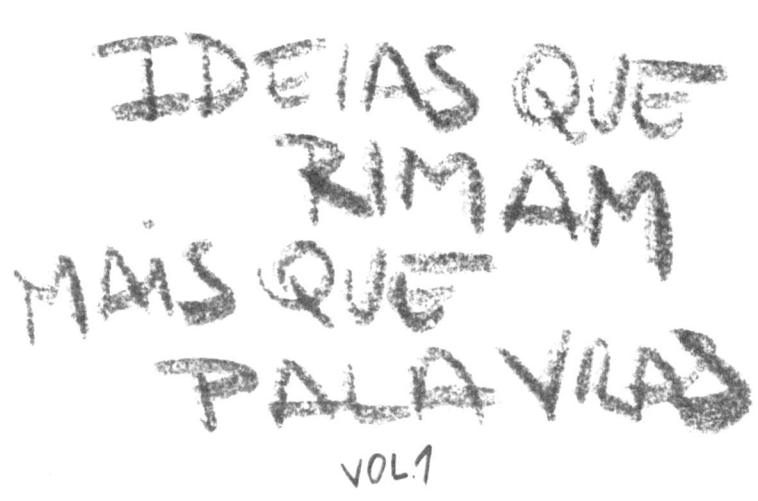

Copyright © Rashid

Título: Ideias que rimam mais que palavras
Autor: Rashid
Editor: Ferréz
Correção: Ni Brisant
Revisão da Primeira Reimpresão: Mariângela Carvalho
Projeto gráfico: Paulo Vidal de Castro & Thais Vilanova
Capa: Estúdio Miopia - São Paulo, 2018

Dados Internacionais de Catalogação na Publicação (CIP)
Roberta Amaral Sertório Gravina, CRB – 8/9167

R175i
    Rashid
        Ideias que rimam mais que palavras / Rashid. – São Paulo: Foco na Missão, 2018.
        108 p.; 21 cm
        v. 1.
        ISBN: 978-85-53174-00-3
        1. Música 2. Composição musical 3. Trajetória artística I. Título

CDU - 78   CDD - 780.92

ISBN DO LIVRO: 978-85-53174-00-3
ISBN DO E-BOOK: 978-65-86113-09-9

LiteraRUA
nois@literaRUA.com.br
Av. Deputado Emílio Carlos, 179 - Sala 4 - 1º Andar.
Bairro do Limão - SP. CEP: 02721-000.
Tel. +55 (11) 3857-6225 / WhatsApp (11) 97715-4412.

Prefácio/ 07 Sumário
Quando eu morrer/ 11
Hora de acordar/ 17
Dádiva e Dívida/ 32
Que assim seja/ 47
Confundindo sábios/ 66
Diário de bordo/ 87
Gratidão/ 96
Créditos das músicas/ 103

Prefácio

Componho em qualquer lugar. Carro, ônibus, avião, rua, camarim, em meio ao povo, sozinho, etc. Mas onde gosto mesmo de compor é no meu escritório, em pé, olhando pros meus livros e discos que me servem de referência e repetidas vezes me ajudam a garimpar novos universos na hora de rimar.

Parte da minha vida gira em torno da escrita, desde minha adolescência, quando escrevia frases de efeito ao lado dos meus desenhos porque via os grafiteiros que admirava fazendo isso em suas obras nos muros, até o tempo em que morava com minha avó na casa dos fundos de uma igreja e costumava escrever (por extenso mesmo) minhas orações no mesmo caderno em que anotava minhas rimas.

Quando comecei a fazer os primeiros *show*s, anotava num caderno cada evento que fazia, com data, endereço, cachê e especificações de como havia sido o trabalho. Exemplo: "20/04/2009 – *Hole Club* / Participação no *show* de fulano / 200 R$". Imaginava que só assim eu conseguiria fazer o fechamento anual para enumerar os eventos que participei e quanto havia ganho com aquilo. Mais tarde, comecei também a anotar toda e qualquer ideia num caderno de bolso. Qualquer ideia mesmo, fosse sobre livros para escrever no futuro (o futuro chegou) ou conceitos para álbuns, temas para músicas, formas de divulgar os lançamentos, estampas de camisetas, etc. Esse hábito trago até hoje, por acreditar que em algum momento conseguirei colocar tudo isso em prática. Um bom exemplo disso foi o clipe da música *Gratidão* (da qual falaremos mais adiante). Naquele tempo, eu havia anotado algo do tipo: "Filmar clipe nas ruas e estradas da Serra de Ijaci MG / mostrar lugares onde passava meu tempo na adolescência". Isso pouco tempo após ter voltado para São Paulo para morar com meu pai. Mais tarde, em 2012, quase que essa ideia se tornou o clipe da música *Se o Mundo Acabar*, mas acabou não dando certo porque na época consideramos o valor do orçamento muito alto. Acredito que era o destino conspirando, Deus escrevendo por linhas tortas, já que em 2014 a ideia do clipe se encaixaria perfeitamente com a da faixa *Gratidão* e se tornaria um dos trabalhos mais legais e emocionantes da minha carreira.

Voltando às composições, às vezes me perguntam porque insisto em falar "errado" e em não respeitar a gramática em minhas canções.

Por que?

Na verdade, isso tem a ver simplesmente com a naturalidade da fala. O Rap tem o "canto falado" como fio condutor, logo, tento fazer com que isso pareça uma conversa casual entre o ouvinte e eu. Falando da mesma forma como falamos nas ruas, numa conversa sem formalidades.

Mas isso não é uma regra, assim como não é na vida.

Algumas situações exigem um texto mais complexo. As peças só têm que se encaixar naturalmente para que nada soe forçado quando usar uma linguagem formal e também quando usar a linguagem coloquial. Na minha visão, quando se trata de música, a mensagem é mais relevante que a gramática.

Por isso, peço licença poética...

Eu gosto de escrever com papel e caneta porque sou apaixonado pela sensação de estar "segurando" a música. E também porque durante um determinado tempo (2010/11), estava me acostumando a escrever no bloco de notas de um iPod usado, que havia ganhado de minha namorada, mas certo dia, num *show*, enquanto estava no palco cantando, alguém entrou sorrateiramente no camarim, abriu minha mochila e levou embora meu iPod cheio de rimas que eu nunca mais vou me lembrar. Felizmente, até hoje nenhuma dessas rimas apareceu na voz de ninguém por aí.

Histórias curiosas como esta do iPod tenho aos montes, algumas mais tristes, umas engraçadas e outras são apenas histórias. O que talvez as pessoas que me escutam – e agora leem – não saibam, é que muito embora as músicas tenham temas definidos e sejam construídas com começo, meio e fim, inúmeras rimas e trechos dessas músicas têm vida própria.

E são essas histórias escondidas, referências perdidas, inspirações, técnicas e significados não muito claros nas letras que vim decifrar junto a vocês neste projeto, que sem dúvida se apresenta como um novo desafio em minha carreira e tem a intenção de mostrar que é necessário estudo e esforço na arte da composição. Não é uma coisa mágica, um raio que cai e pronto, você tem uma letra. Provavelmente, durante a carreira de um compositor, ele viverá, sim, muitos momentos como este, mas a grande maioria das canções nascerá devido ao seu afinco pela escrita, sua dedicação e busca incansável pelas melhores combinações de palavras e frases possíveis.

Este livro é sobre os "como, quando e porquês" de minhas composições.

Rimas que vão dos momentos mais felizes da minha vida aos dias mais tempestuosos. Letras que formam a figura de uma pessoa que busca respostas tanto quanto qualquer outro ser humano na face da Terra, questionando o mundo, a sociedade, o "sistema" e, muitas vezes, a si mesmo.

As pessoas encontram as mais variadas formas de colocar pra fora suas ideias e ideais. Esporte, religião, política, artes cênicas e até o silêncio se encaixam como forma de "expressão" quando a questão é mostrar ao mundo o que você é e o que pensa. No meu caso, escolhi esse amontoado de frases cujas últimas palavras tendem a ter o final parecido. Sou um rimador.

Nasci na periferia da zona norte de São Paulo e, durante minha infância e adolescência, mudei muito de casa. Em meio a essas mudanças fui parar em Minas Gerais e ali formei a base da minha personalidade. Por essa ótica, fui um menino pobre, de uma família metade negra/metade branca, morador de cidade grande que aprendeu seus valores com as pessoas do interior e ao voltar para a grande metrópole, trouxe tudo aquilo na sua bagagem e hoje deposita isso na sua arte.

Minhas letras transparecem o conflito da busca da identidade racial, artística e humana, a luta por um sonho e a riqueza de uma ideia. Acredito que posso fazer diferença com aquilo que canto porque minha vida é parecida com a das pessoas que me ouvem e aqui estou, sendo surpreendido pelas minhas próprias palavras quando as vejo em algum lugar inesperado, como quando o

Prefácio

Gabriel Barbosa (o Gabigol, jogador de seleção brasileira, atualmente no Inter de Milão) me mandou uma foto de sua mais nova tatuagem com um trecho da minha música *Que Assim Seja*:

Proteja-me na hora da entrada
Proteja-me na hora da saída
Sei que perante ti eu não sou nada
Mas que minha missão seja cumprida

Recebo tantas fotos de tatuagens com este trecho da música que também resolvi tatuá-lo em meu braço, como forma de reconhecimento ao carinho dos fãs e como agradecimento à canção que foi (e continua indo) tão longe.

Depois que você coloca as palavras no mundo, elas não têm mais freio.

Quando eu morrer

2008/2009

Não me lembro dos meus pais juntos, são separados desde que me dou por gente e sempre vivi com minha mãe.

Quando tinha 13 anos, mudamos para Serra de Ijaci, uma cidadezinha aconchegante no sul de Minas Gerais. Ali vivi até os 17 anos, quando voltei para São Paulo para morar com meu pai com a desculpa de que queria trabalhar e estudar, mas eu já tinha tudo planejado em minha mente, queria fazer Rap.

Meu pai já tinha uma nova família formada e como minha vó, que morava ali bem perto (no bairro do Lauzane Paulista, zona norte de São Paulo), precisava de alguém para ajudá-la a cuidar de minha bisavó que havia caído e quebrado o fêmur, acabei indo morar com as duas, numa casinha que ficava no fundo de uma igreja evangélica. Eu era o ajudante perfeito para minha vó pois estava quase sempre disponível e tinha força suficiente para colocar minha bisavó na cadeira de rodas, cadeira de banho e, às vezes, a colocava na cadeira de balanço para tomar sol no quintal. Sei que essa ajuda foi muito valiosa naquele período.

Algum tempo depois, tomaria dois golpes da vida. O primeiro foi o falecimento de minha bisavó, que era uma das pessoas que mais apoiava a minha decisão de correr atrás do sonho da música. O segundo foi que, com o falecimento de sua mãe, minha vó decidiu se juntar a um dos meus tios e ir morar em Minas Gerais também (em Governador Valadares).

Aquilo foi um grande choque pois eu não podia voltar para Minas Gerais naquela altura. Já estava participando das batalhas de improviso em vários locais da cidade e começando até a ficar conhecido em algumas.

Foi aí que minha mãe, durante uma conversa por telefone, sugeriu que eu fosse para nossa antiga casa, que ficava no bairro de Artur Alvim (zona leste de São Paulo). A casa foi construída no terreno dos meus avós, logo, não teria que me preocupar com aluguel, apenas com as demais despesas.

Quando eu morrer

Se essa era minha alternativa, não hesitei e fui. Mesmo sem emprego fixo, sem fonte de renda, sem móveis e sem muita perspectiva. Eu só tinha minhas poucas roupas, CDs, livros, uma bicicleta que meu tio me deu antes de se mudar e uma cômoda que minha vó deixou para mim.

Meus familiares maternos moravam ali por perto e sempre tiveram um grande carinho por mim, então, por não ter como cozinhar, eu costumava fazer minhas refeições diárias na casa da minha tia Nice, que sempre foi muito presente durante minha infância e é uma pessoa fundamentalmente importante na minha criação. Com medo de abusar da boa vontade de minha tia, muitas vezes acabava optando por sacrificar uma das refeições, ou almoçava ou jantava, dependendo da hora que a fome apertava. O resto do tempo, passava escrevendo ou lendo, numa rotina totalmente voltada a fazer a música dar certo e ao aprimoramento da arte da escrita.

Numa soma de todos estes fatores, nasceu *Quando Eu Morrer*, minha primeira música solo, gravada e lançada por volta de 2008. Produzida pelo Apolo (A. G. Soares), a primeira pessoa que abriu as portas de um estúdio para mim e me ensinou muito desde antes de se tornar um amigo, pois já o ouvia nas músicas do Pentágono, um dos grupos mais importantes da (e para a) nova geração brasileira do Rap. Até esse momento, eu já havia participado de algumas gravações (inclusive *Porque Eu Rimo*, do Kamau – ídolo no Rap brasileiro e grande amigo, também de 2008) e escrito muitas outras que acabaram morrendo dentro dos cadernos, mas nada tão urgente e tão faminto quanto essa.

Curiosamente, a letra que seria o começo de tudo falava sobre o fim. Sobre o quanto o caminho a ser seguido exerce influência direta naquilo que você deixa pra trás ao partir. Um pensamento herdado das minhas leituras sobre o código de honra dos samurais, o Bushido e o Hagakure. Na época, eu era totalmente viciado nesse tipo de leitura e na poesia que há em torno dessa cultura. Disciplina, foco, obstinação, viver e morrer pelo que se acredita, etc. Tudo isso aflorou na minha vida a partir daí e tudo isso pode ser encontrado em grande escala na letra dessa música, especificamente.

*Eu quero deixar um legado
De quem deu a vida e teve a honra de um soldado*

Do outro lado da cidade, na zona sul, a Daniela Rodrigues (minha namorada na época, hoje minha esposa, empresária e vice-presidente da Foco Na Missão Produções) vivia preocupada com essa minha rotina de sacrifícios e muitas vezes deixava o conforto de seu lar pra vir passar os finais de semana comigo, tomando refrigerante quente – não havia geladeira – e comendo besteiras compradas por ela (lembre-se do que eu disse, eu não tinha fonte de renda).

*Eu tô cansado, irmão
Minha condição não me permite ser mais um em um milhão...*

Eu realmente me sentia pressionado a fazer as coisas darem certo. Escolhi ter paciência ao invés de ter dinheiro, na certeza de que um dia teria uma carreira ao invés de apenas um emprego. Não que isso não seja a vida ideal ou digna, cada um escolhe por onde quer caminhar. Eu acreditava que a música era meu caminho, minha missão.

Vim pra ser lenda e toda lenda sempre parte mais cedo!

Sobre como sempre estive disposto a dar a vida pra ser o melhor que eu puder em minha arte.

———

Ao mesmo tempo em que é possível perceber que existia realmente uma sede de "ser mais", pois minha condição exigia isso, também é possível notar até uma certa ingenuidade na atmosfera da letra. Era o sonho falando mais alto no auge dos meus 20 anos.

Em alguns momentos dessa letra ressoam algumas críticas ao próprio Rap e a alguns MCs (MC = Mestre de Cerimônia; há quem prefira chamar de rapper) que estavam começando a embarcar na onda dos norte-americanos e a falar o que considerávamos "besteira" na época, e também àqueles que não se dedicavam o suficiente à evolução de suas rimas e pareciam totalmente despreocupados com essa questão. Na minha visão isso era uma total falta de respeito aos caras e às minas que vieram antes de nós. Pensava: "Se quisermos dar continuidade nisso que nossos professores e professoras criaram, temos que fazer direito!". O que não deixa de fazer sentido, mas eu era o garoto de 20 anos querendo dar lição de moral em meus colegas de profissão:

Acabar com esses Rap fajuto
Pra quando eu partir, as ruas se vestirem em luto...

—

Foco na missão
Não falo em tamanho, falo em dimensão
Conseguir as atenção
Extensão de cada track, *dedicação*
Vários vão brincar de ser do Rap enquanto noiz é o Rap em ação!

—

Eu vejo vários se confundir no camin
Vão se emocionar e se iludir com os blingbling
Não, eu sei que eu não vivo assim
Me enxergo nos meus irmão e sei que eles também se enxergam em
mim

Sem dúvida era o meu lado "MC de batalha" falando mais alto e, pra falar a verdade, eu gosto quando isso acontece.

Existia uma coisa que pairava no ar do movimento naquele tempo que era a questão dos "verdadeiros". Não havia algo escrito ou alguma descrição de comportamento que dissesse o que você deveria fazer ou ser pra que reconhecessem em você as qualidades pra ser chamado de verdadeiro, só havia o questionamento: "Será que esse é verdadeiro?".

Ninguém nunca explicou o que aquilo significava, mas até hoje existe essa "verdade relativa do ar". Sempre subentendi que isso tinha a ver com as pessoas que realmente dedicavam seu tempo e sua vida pelo movimento no geral, independente de qual elemento do Hip-Hop você havia escolhido (MC, DJ, Break ou Graffiti) e pela evolução da sua arte e de sua pessoa. Por isso nunca tive dúvidas, sou "verdadeiro" desde que cheguei!

> *Convicção de que eu tava certo parceiro*
> *Ignorei os falso, afinal, se eles não existissem pra que serviriam os\\ verdadeiro?*   2008/09

Na minha cabeça, algumas dessas rimas também tinham como alvo o mercado fonográfico brasileiro como um todo. Desde que comecei a me interessar pelo Rap, notava a diferença entre as letras dos MCs e as letras das músicas que ouvia nas rádios. Me perguntava: "Por que o Rap não toca no rádio?". Não entendia como letras tão cheias de significados poderiam estar fora das programações das grandes estações. Com o tempo, fui entendendo o sentido do "POP" que eles usavam, que as músicas de rádio tinham no máximo três minutos enquanto no Rap nós tínhamos canções de até doze minutos e que a maioria dos programadores realmente não estava nem aí pro nosso "papo revolucionário". Ali decidi que seria um artista que ajudaria a mudar esse panorama.

> *Para a maioria e sua voz*
> *Noiz não precisa das rádio, as rádio é que precisa de noiz*
>
> ---
>
> *Brasileiro por falta de opção necessidade*
> *Engole qualquer merda sem qualidade*
> *E quem preza pela qualidade tem que se manter unido*
> *Que enquanto eles fizer Rap ruim nosso espaço tá garantido*

Bom, *Quando Eu Morrer* falava de algo que faria muita diferença em minha carreira: a dedicação. E mesmo sem saber, essa minha primeira *track* lançada já profetizava e sinalizava o tipo de artista que eu seria: o trabalhador.

> *Eu decidi e desse dia em diante*
> *Eu disse que suportaria não importa o quanto maçante*
> *Fosse a situação*

Quando eu morrer

> *E quando eu morrer quero que todos saibam que eu*
>   *morri com a caneta na mão...*
> *Eu não vou apagar minha história igual muitos fizeram*
> *Eu não vou me dar por vencido igual muitos se deram*
> *Não é questão de ser convencido*
> *É que se não fosse pra ser assim, preferia nem ter nascido*

Embora tenha sido meu primeiro single oficial, essa faixa não fazia parte de nenhum projeto até o ano de 2012, quando se tornou parte integrante da *mixtape Que Assim Seja*.

Hora de acordar

2010

Levanta, tá na hora de acordar...

Gostaria de começar esse capítulo contando a vocês como o lançamento do meu primeiro single foi um sucesso e mudou minha carreira, mas não será possível porque não foi bem assim.

Na verdade, a única coisa que mudou de imediato foi o fato de que algumas pessoas começaram a prestar mais atenção no meu trabalho e a se interessar mais pelo que eu tinha a dizer. Enxergaram ali um talento bruto, eu acredito, e isso já valia muito.

Ainda estava morando em Artur Alvim quando comecei a frequentar mais vezes a casa da Daniela. Algumas visitas no mês se tornaram algumas visitas na semana e quando nos demos conta, já havia passado três ou quatro meses sem que eu voltasse para minha casa. Mesmo que sendo muito bem tratado, num lar confortável, fazendo todas as refeições diárias e estando todos os dias ao lado da mulher que eu amava, eu me sentia incomodado com a possibilidade de estar incomodando. Gostava de ser invisível, para não causar nenhum transtorno.

A situação precisava mudar e movido por essa necessidade resolvi escrever, produzir e lançar meu primeiro projeto musical.

Foi então em 2010, aos 21 anos, que despertei. Digo isso porque entendi que se quisesse me tornar um artista relevante para a cena do Rap no Brasil ou para qualquer pessoa, deveria apresentar ao mundo algo maior e mais representativo do que um single cheio de fome e algumas vitórias nas batalhas de *freestyle*. Depois de alguns meses de muito esforço, poucos dias após meu aniversário de 22 anos, lançamos nosso primeiro grande projeto, o EP *Hora de Acordar*, no dia 31 de março.

Num período de sete a oito meses, escrevi e gravei as nove músicas desse que seria o primeiro divisor de águas da minha carreira. As letras eram intensas, ainda com fome, medo, orgulho e ambição de alcançar novas pessoas e lugares.

Era um projeto ousado, com uma qualidade técnica que des-

Hora de acordar

tacava ainda mais essa ousadia, e caro pros meus padrões da época. Lembro que demorei vários meses (depois que o EP já havia sido lançado) pra conseguir pagar a mixagem e masterização feita pelo Luiz Café. Ele e o Marechal (um dos melhores MCs brasileiros e dono do estúdio onde gravamos o disco) fizeram tudo num valor baixíssimo, só me cobrando os custos, eu é que não tinha dinheiro mesmo. E se não fosse a Daniela, esse disco nunca teria ido pras ruas no formato físico, já que foi ela quem pagou as primeiras remessas de mil cópias do CD.

Eu disse, as músicas eram cheias de fome, incluindo a faixa-título desse trabalho que também era repleta de ideias e sentimentos muito próximos da *Quando Eu Morrer*, mas agora o assunto era o futuro, a vida.

> *Eu tenho uma missão, meu*
> *Não existe rendição, deu pra sacar… cochilou, perdeu!*
>
> ―
>
> *Hey, rimadores aumentam*
> *Mas só existem 2 tipos: os que fazem Rap e os que tentam*
> *Só que meu corre é pelos manos*
> *Pra que o futuro seja mais do que nos perguntar "onde foi que*
> *erramos?"*

Essa música tem um refrão incrível escrito e interpretado pelo grande Luiz Guima, que, além de nos dar a honra de sua participação, tornou essa faixa umas das melhores produções da minha discografia, aliado ao *beat* igualmente especial do Marechal com o Luiz Café.

Não tenho dúvidas e nem medo de dizer que esse EP se tornaria o primeiro clássico em minha curta carreira e, a partir disso, tudo mudou.

E Se

Logo de cara, essa foi a primeira faixa a se destacar no projeto. Pelo incrível instrumental do produtor curitibano Laudz (hoje integrante do duo Tropikillaz) e pelas questões levantadas durante a letra. Uma porção de "e ses?" que fazem parte do nosso cotidiano, somados com minhas dúvidas pessoais sobre o momento, sobre o futuro, sobre mim mesmo e sobre o Rap.

Na época, vivia em meio às turbulências da vida longe da família, já que estava praticamente morando de favor na casa dos pais de minha namorada e acabei ficando mais próximo dos familiares dela do que dos meus. Somadas a isso, vinham a saudade e a falta de dinheiro, que juntas, se tornaram uma máquina de causar dúvidas em minha mente.

2010

Mas tinha uma sensação, um instinto, uma inquietação que parecia dizer que havia algo especial em minhas mãos. Eu tinha certeza do que queria ser, só não tinha a certeza se conseguiria ser.

> *E se isso for ilusão?*
> *E se todos que disseram "não!" realmente tivessem razão?*
> *Pra que insistir? Se no começo eu tivesse me perguntado,*
> *E se?*
> *Perguntado… E se não foi ilusão?*
> *Se você desistir, perder a chance de ter tudo na sua mão?*
> *E se cada* MC, *antes de pegar no mic, se perguntasse e se?*
> *Eu te pergunto: E se?*

Assim dizia o refrão, cantado com uma força que demonstrava um misto de raiva com um pouco de vontade de gritar ao mundo: *Estou aqui*!!!

Compus a maior parte dessa letra dentro de um ônibus de viagem voltando pra São Paulo depois de visitar minha mãe em Minas Gerais. Meu coração estava apertado e inseguro. Aliás, desde que saí da casa de minha mãe aos 17 anos, todas as minhas visitas à ela e meus irmãos me colocam num modo de observação da vida, como se eu estivesse de fora olhando minha vida e colocando meu passado e presente na balança. Feliz, nostálgico e com a mente a mil, assim me despeço de minha mãe com um longo abraço, toda vez.

Hora de acordar

> *E se eu contasse quantos ganharam*
> *Ou tivesse escolhido o caminho que me apontaram?*
> *Irmão, se você visse o que eu vi*
> *Ai, se minha mãe não orasse por mim toda noite antes de dormir?*

Graças à minha mãe, também surge uma questão que afetaria toda a minha trajetória musical:

> *Entre os melhores... MCs dizem palavrões?*
> *E se vocês se ligarem que a TV diz coisas muito piores?*

O que isso tem a ver com a minha mãe? Já explico.

Muita gente me pergunta porque não falo palavrões em minhas letras. Eis o motivo: minha mãe demorou muito tempo para se livrar do preconceito que ela carregava em relação ao Rap e a parte dos palavrões nas músicas era uma das grandes culpadas, já que fui criado na igreja evangélica. Então, pensei que ao não falar palavrões em minhas músicas, eu estaria evitando que os fãs passassem por essa peleja dentro de sua própria casa ao escutar a música que gostam. Não se trata de ser politicamente correto, só estou retirando um dos obstáculos do caminho a percorrer até os ouvidos da juventude e, acreditem, já recebi diversos relatos (e agradecimentos) me provando que acertei nisso.

> *Se tudo funcionasse como deveria?*
> *E se o B.I.G ficasse em casa naquele dia?*
> *Se Tupac nunca desse REC ou gravasse uma track?*
> *Hein? E se você nem tivesse ouvindo esse rap?*

As discussões entre fãs de Tupac e Notorious B.I.G pra chegar à conclusão de qual dos dois foi/é o melhor MC de todos os tempos são intermináveis (e continuarão sendo). O fato é que eles representam o que há de melhor na arte das 16 barras (16 barras = 8 rimas. 2 barras ou 2 linhas formam 1 rima e 8 rimas é o tamanho clássico de um verso de Rap) e infelizmente partiram cedo demais – Tupac com 25 anos e B.I.G com 24.

Nesse trecho da letra eu me pego pensando num cenário onde Notorious B.I.G nem chegou a sair de casa na noite em que seria assassinado e talvez pudesse estar influenciando milhões de pessoas ao redor do mundo ainda em vida, vendo e colhendo os frutos de seu trabalho. Paralelamente, imagino se 2Pac nunca houvesse descoberto seu talento pra música. É sabido seu envolvimento com o teatro desde a juventude, ou seja, parece que a arte era seu caminho de uma forma ou de outra, mas outra vez, seria incrível tê-lo com a gente ainda.

E se a gente fosse o sistema?
Se a casa do Hip-Hop fosse no seu coração e não só em Diadema?

Para os conhecedores da cultura Hip-Hop, a Casa do Hip-Hop de Diadema era um nome comum entre as conversas voltadas ao movimento. Oficinas sobre como rimar, como se tornar um DJ, um grafiteiro, um dançarino de Break e trocas de ideias para adquirir mais conhecimento da nossa área são apenas algumas das coisas que você encontrava por lá. Logo, o lugar se tornou uma referência no país inteiro e fonte de motivação pra outras Casas do Hip-Hop que surgiram em território nacional.

Pensando em tudo isso, essa rima específica da música acabou chamando a atenção de várias pessoas engajadas no movimento, graças a esse questionamento.

"Como um moleque de 21 anos, em seu primeiro trabalho, pode colocar em xeque o amor real de várias pessoas à nossa arte?"

Você acha que as pessoas estavam bravas comigo? Errado, elas estavam do meu lado. Depois de alguns meses pós lançamento, chegou aos meus ouvidos a notícia de que essa frase estava sendo usada até em reuniões e workshops, como forma de mostrar que deve existir um comprometimento com a cultura, e quase virou estampa de camisetas pra uma marca de roupas.

É lindo ver algo que você disse sendo compreendido e respeitado dessa forma. Aquilo saiu do meu coração, pois penso que assim é o Hip-Hop, não pode ser só *business*, acima disso vem o amor.

> *E se o rap te tratasse igual criança já que você trata ele como\
> brincadeira?*

Hora de acordar

Talvez esse fora o fator mais relevante para que minha carreira chegasse até aqui da forma que chegou: levar o Rap a sério. Acordar todo dia como se trabalhasse em uma empresa aleatória e obedecesse ordens de algum chefe. Nesse caso, eu trabalho na empresa Hip-Hop, meu setor é o Rap e a melhor e a pior coisa nisso tudo é que sou meu próprio chefe.

Digo que ser seu próprio chefe é ao mesmo tempo bom e ruim porque é você quem diz quando começar e quando parar. Tem gente que nunca para e tem gente que nunca começa. É preciso encontrar um equilíbrio e manter os pés no chão, achando isso, na maior parte do tempo, você viverá a parte boa.

Eu mantive os pés no chão, continuei olhando em frente e mirando alto, como se no fim do mês fosse cobrar de mim mesmo as falhas e aplicar os descontos no salário (que nem existia). Ou seja, segui levando o Rap muito a sério.

Bilhete

Muito embora não tenhamos sido os primeiros a fazer isso, minha geração é conhecida e até contestada por ter trazido à tona temas mais amenos ao Rap nacional, e para os fãs mais radicais, o mais difícil de digerir de todos eles, é claro, é o amor.

Não é preciso fazer uma viagem muito distante na história do Rap brasileiro para enxergar que nós não fomos os inventores do Rap sobre relacionamentos. Athaliba e a Firma, Ndee Naldinho, Xis, Trilha Sonora do Gueto, Helião e Negra Li, Kamau e até o próprio Racionais MC's tinha sua forma de abordagem sobre relacionamentos, que não era necessariamente romântica.

Essa é apenas uma pequena, rápida e superficial lista de grandes nomes do Rap aqui no Brasil que fizeram canções sobre seus relacionamentos amorosos. Mas por algum motivo, minha geração ficou marcada por isso e recebeu muitas críticas por aí.

Realmente, em comparação às gerações anteriores, nós escrevemos, gravamos e lançamos uma porcentagem bem maior de "Raps de amor", o que não significa muita coisa, já que você pode encontrar no máximo duas canções do tipo num álbum que geralmente tem quinze faixas em média.

2010

Deixando a matemática musical de lado, vamos ao que interessa: a música *Bilhete*.

Esse som tem uma história curiosa porque trata de um acontecimento real na minha vida, tratado com um pouco de humor e sarcasmo. Não sei se pode ser chamado de "música romântica".

> *Eu te dei amor e um canto no meu coração*
> *Mas todo esse encanto não muda a situação...*

Durante um período da vida, namorei uma garota que me acompanhava nas batalhas e eventos. Até aí, legal, pois era uma companhia legal mesmo. Bom, pelo menos até começarem as brigas...

—

Como ela morava longe e eu demorava em média duas horas pra chegar até a casa dela, eu acabava levando uma "mini-mala" com algumas coisas ao visitá-la, pra facilitar a vida. Mas quando rompemos o namoro, havia tanta coisa minha por lá que eu nunca tive coragem de ir buscar. Só me restou a lamentação:

> *Ela deixou um bilhete dizendo que ia sair fora*
> *Levou meu coração, alguns CDs e o meu livro mais da hora*
> *Não sei qual a razão, não entendi porque ela foi embora*
> *E eu fiquei pensando em como foi e qual vai ser agora...*

A parte do bilhete é ficção, apenas pra deixar mais poético, mas o lance dos livros e CDs é a mais pura, nua e crua realidade: meu *Stardust* (Neil Gaiman), meu CD do Mzuri Sana (*Ópera Oblíqua*), o *Bedo Common* e um outro livro sobre a história do Egito e algo sobre o processo de mumificação, do qual eu não me lembro o título, são alguns exemplos. E estes nunca mais foram recuperados (eu gostava muito do *Stardust*).

Pensando o que que iria ser daqui pra frente?
Não sei se perdemo tempo ou o tempo se perdeu entre a gente

Hora de acordar

Esse é o ponto onde a letra deixa de se recordar dos momentos bons e entende que realmente "não era pra ser". Os dois versos da música têm essa virada. Começam com uma lembrança apaixonada e logo se tornam um desabafo de quem não suporta mais a presença da outra pessoa. Poderia ser uma música triste, mas éramos adolescentes, então se tornou uma história pra se lembrar e rir.

A vida é um aprendizado...

Pior, que engraçado
Achei que ia ser pra sempre e vi que eu sempre tive enganado
Então faz favor, não esquece seu orgulho
Quer ir embora? Pode ir, mas devolve meus bagulho!
—
Então, pode ficar com o CD,
Eu só queria de volta todo o tempo que desperdicei com você

Esta última rima foi meio dura, né? Só pensei nisso agora.

Esse som acaba sendo mais sobre a lição de um relacionamento jovem mal sucedido do que sobre o próprio relacionamento em si, já que a letra é cheia de descrições de momentos a dois, comuns a todos os casais, porém o desfecho é mais pessoal e até engraçado.

Que covardia deixar seu nego esperando
Vem logo que seu lado no colchão tá esfriando
Então vamo rolar de novo no memo lençol azul
Meu travesseiro ainda traz o cheiro do seu shampoo
—
Dá meia volta devido ao ressentimento
E sai de mão dada com o seu arrependimento

A lição é: se por acaso seu relacionamento não está 100%, pare de levar suas coisas para a casa de seu parceiro(a), é difícil carregar tudo numa só viagem de volta.

Por Quanto Tempo

Aqui começa uma tradição que me acompanharia durante toda minha carreira até os dias de hoje, a das letras extremamente pessoais. *Por Quanto Tempo* foi a primeira delas e fala da minha infância e adolescência vivida entre o conflito da separação de meus pais e muitas mudanças de casa, acompanhadas de mudanças de vida.

2010

Eu não tive que lidar com o desenrolar da separação dos meus pais porque era muito novo, mas com o passar do tempo, aquilo me machucava de formas diferentes. O fato de ter de lidar com os pais separados, os indivíduos, cada um tentando formar sua nova família, por exemplo, era muito estranho para mim.

As duas metades da minha família eram totalmente diferentes em seus costumes, praticamente opostas, cada uma com suas qualidades e defeitos. Uma metade paterna branca, vinda da Bahia, Espírito Santo e Minas Gerais, e uma metade materna negra, com um pé em Minas Gerais, mas praticamente toda criada na zona leste de São Paulo. Esses eram meus universos e essa dualidade toda interferiu até na minha formação e identificação racial porque de um lado éramos todos negros e do outro tentavam me convencer de que eu era "moreninho", "cor de jambo", "queimadinho", etc. Isso devido ao racismo estrutural e cultural arraigado à nossa sociedade, claro, mas as duas metades de minha família eram repletas de amor e carinho por mim, disso não posso me queixar. Tanto que, às vezes, eu até achava legal ter duas casas, já outras vezes, eu sentia como se não houvesse nenhuma.

Confesso que durante uns bons anos de minha infância e adolescência, eu nutri uma pequena esperança de meus pais voltarem a ficar juntos, mas novamente "não era para ser".

Kamau uma vez me disse que essa música era minha revolta mais sincera e tenho que concordar com isso.

Por quanto tempo a gente vai ficar aqui
Fingindo que esse aqui é o nosso lar?
De quantas vidas vou ter que me despedir

> *Mentindo que uma hora eu vou voltar?*
> *Quantos nomes e rostos eu já esqueci*
> *Quantos melhores amigos deixei pra trás*
> *O quanto eu sofri, o quanto eu desejei que não mudasse mais...*

Hora de acordar

Durante minha infância/adolescência mudei de casa aproximadamente umas onze ou doze vezes. O que significa mudar de bairro, de vizinhança e de escola – incluindo uma mudança de estado (SP > MG). Ou seja, sempre enfrentei grandes dificuldades para me adaptar aos novos lugares e, consequentemente, uma grande tendência a me tornar antissocial. Dito e feito.

Um dos maiores dramas adolescentes é ter de mudar de escola. Quem já precisou mudar de escola sabe que não é fácil se adaptar ao novo ambiente, professores, matérias e principalmente aos novos colegas de classe. Lembro que me envolvia em muitas brigas, pois quando você é o novo aluno, você é o alvo das piadas e quando você retruca, sem conhecer ninguém, corre o risco de fazer inimizades antes mesmo das amizades. E isso aconteceu comigo algumas vezes. Por exemplo, na escola que frequentei quando morei no bairro Cidade AE Carvalho (zona leste de SP), eu fiquei tão pouco tempo que nem cheguei a fazer amigos, só deu tempo mesmo de arrumar briga.

Brigas estas que nunca chegaram ao conhecimento de minha mãe (talvez agora).

> *Então senta e se regenera*
> *Na rodoviária, indo e vindo igual a primavera*
> *Mas sem toda essa maravilha*
> *Sem amigos para sempre!*
> *Por muito tempo eu fui minha própria família*

Esse "muito tempo" sendo minha própria família se refere às horas viajando sozinho desde meus 11 anos de idade. Seja indo ou voltando para casa em Minas Gerais, nas visitas que fazia a meu pai em todas as férias escolares.

Um dos lugares em que mais me firmei foi na Serra de Ijaci

(MG), onde morei dos meus 13 aos 17 anos. Onde fiz grande parte das minhas maiores e melhores amizades, e onde aprendi muito sobre a vida. Consequentemente, por ser longe do resto da minha família, foi onde passei mais tempo dentro dos ônibus de viagem e em bancos de rodoviária. Já não tinha mais medo de me perder e nem via o tempo passar, me acostumei com a estrada.

2010

> *Ainda me lembro da cena*
> *Só eu e a estrada. Olhos no horizonte, fonte de mais de um milhão de*
> *problema*

Já o segundo verso da música foi dedicado inteiramente ao meu conflito interno sobre o relacionamento – ou o não relacionamento – dos meus pais:

> *Naquele tempo só tinha uns dois, ou três, mal entendia*
> *Isso de separação, visita de 15 em 15 dias*
> *Cheque da pensão, distância, autorização*
> *Prum passeio e uma ânsia de aproximação, cheia de receio*
> *Alheio ao trilho que tomamos*
> *Quantas noites viriam sem brilho, pois apagamos com cada milho*
> *Diz que não culpamos um ao outro por ter esfriado essa coisa entre*
> *pais e filho*
> *Eu perdi o chão*
> *Olhei pros dois lados confuso sem saber ao certo quem seguraria a*
> *minha mão*
> *A união se extinguiu*
> *Agora eu tinha duas casas, que multiplicaram por dois o vazio*
> *Por dois esse frio, perdoe o desafio*
> *Era demais, como mudar o curso desse rio…*
> *Sem guardar ressentimento?*
> *Nunca fugi de casa mas meu coração já tinha ido faz tempo!*

Por
Quanto
Tempo

Pra falar a verdade, não tenho nenhuma lembrança de meus pais juntos, a não ser pelas fotos. Até aí normal, como todo moleque de periferia, a ausência do pai é natural. O caso é que eu tinha um pai,

Hora de acordar

o conhecia e o amava, só não convivia o tanto que gostaria por motivos que não me diziam respeito. Logo, minha mãe me ensinou a ser homem e disso nós falaremos mais pra frente.

Ainda em São Paulo, eu visitava meu pai dois finais de semana por mês, porém quando fui pra Minas Gerais essas visitas passaram a acontecer a cada seis meses, nas férias escolares. Devido a isso e graças à incrível capacidade de adaptação do ser humano, acabei me acostumando com o fato de estar longe das pessoas, logo, saudade se tornou algo distante na minha vida. Eu não sentia saudades de ninguém após alguns dias, eu sentia saudades das pessoas depois de meses.

Acredito que todos passem por conflitos internos quando os pais se separam e fica ainda mais difícil entender quando uma das partes forma uma nova família. Não sei se poderia dizer que aquilo era um sentimento, mas "deslocado" era como me sentia.

Pela faixa amarela eu sou guiado
Igual o sol que é visto lá, mas nunca tá acompanhado
Dou um gole nessa angústia que me
Cerca pelos lados e tranca nesse regime
Num filme de noites neon
Que são Von Dutch, *som*, "boot" *louco e pra mim não tá bom*

Quando terminei o ensino médio, meu pai foi à minha formatura, assim como já havia feito quando terminei o fundamental. Já estávamos combinados que no outro dia pela manhã eu pegaria minhas coisas e voltaria pra São Paulo com ele de carro. Era oficial, eu estava deixando a casa da minha mãe – me dói lembrar isso – e voltando para a cidade grande com o intuito de correr atrás do meu sonho, a música.

Esse verso acima, descreve exatamente o momento da saída de lá: o sol, o carro, meu pai, eu e a estrada com sua interminável faixa amarela central.

Quero fugir dessa prisão
Sem revolta ou rebelião, escolta ou camburão

A gente se solta
Mas eu sei o que todos buscamos nessa vida, o caminho de volta,
irmão!

Você sente que há algo especial numa faixa quando você a compõe em pedaços – cada verso foi escrito numa época diferente – e quando junta todas as partes percebe que a primeira rima do som fala sobre sair de casa e a última rima fala exatamente do oposto, a vontade de voltar.

2010

Acendam as Luzes

Vem cá, eu vim de muito longe e trouxe alguma coisa pra falar
Então me deixem falar!

A última faixa do disco começa tratando do mesmo tema, ter vindo de longe. Quando se para pra analisar, é fácil notar que o *Hora de Acordar* é um disco sobre ter que se tornar independente. Agora não estou falando de arte e sim de vida. São muitas as faixas que falam sobre sair de casa, vir de longe, chegar em algum lugar e abraçar as responsabilidades. É como um chacoalhão da vida!

O curioso disso é como você só entende depois de um tempo que a fase da sua vida dita exatamente como serão suas palavras num disco, por mais que você tente enfeitar ou disfarçar, a mensagem é direta.

Acendam as Luzes foi feita pra soar como um suspiro de alívio.

Depois de tantas curvas perigosas e abismos no caminho, conseguimos finalizar e lançar nosso primeiro trabalho. Essa foi a primeira etapa. Quando comecei no Rap, meu sonho era lançar um CD e estava prestes a realizar esse sonho, precisava dividir essa conquista com as pessoas.

De onde eu vim
Se você não tem saída, vence!
Foi o que eu fiz, então acendam as luzes pra mim

Hora de acordar

Quando falo em acender as luzes, me refiro àquele momento no final do espetáculo em que as luzes se acendem voltadas ao palco para que os artistas possam cumprimentar o público e receber os aplausos. É uma metáfora para o êxito.

> *Tiramos água do deserto, irmão*
> *Agora a gente tá tão perto, "jão"*
> *Essa é por nós, essa é pra nós, essa é pra nossa gente vencer*
> *Não pelo que a gente fez, mas pelo que a gente ainda vai fazer*!!!

Havia uma energia em nossas rodas de conversa na época, algo como um orgulho e uma esperança de novos tempos para o Rap brasileiro. Eu estava cercado de pessoas dispostas e inteligentes, e estava cheio de fé na minha música. Acredito que é possível notar essa confiança nessa faixa, confiança que eu tinha não só em mim, mas na certeza de que nossa cena cresceria muito e alcançaria novos lugares e pessoas. Estava tudo ali, como uma profecia feita por mim pra mim mesmo.

> *Pensa na gente hoje. Vê?*
> *Como você chama isso? Eu chamo de fazer acontecer*
> *O compromisso, a luta, vitória, disputa*
> *In memorian, conduta! Escória, não, desculpa!?*
> *Olha não discuta, chega de esmola, bituca*
> *Falta pouco pra nossa glória então me escuta*
> *O contrário me insulta*
> *Não éramos nada...*
> *E hoje nós somos história, então vai, desfruta!*

No final da música, que também é o final do EP de nove faixas, há um acontecimento que, sem dúvida, é um dos momentos mais emocionantes de toda a minha carreira: a fala do Marechal. Quando deixei a faixa para o Luiz Café e ele terminarem, eu não sabia o que poderia sair, simplesmente confiei assim como confio até hoje. Depois de algumas semanas, já próximos da data do lançamento, a faixa retorna pronta e com as palavras emocionantes de um dos MCs mais influentes do Rap brasileiro. Falando sobre o disco, sobre mim, sobre o Rap e sobre vida (como se nessa altura fosse possível desligar uma coisa da outra).

O discurso que encerrava o trabalho foi uma baita surpresa e teve um efeito enorme para o público também.

2010

Depois de ter passado algumas semanas em Niterói (RJ) para gravar esse trabalho, conversado durante madrugadas a fio com Marechal e Luiz Café e até ter feito parte na época da organização "Um Só Caminho...", uma grande amizade e uma grande parceria foi pavimentada. Um caminho pra vida toda.

Dádiva e Dívida

2011

Os títulos dos meus trabalhos têm muito a ver com a forma como estou enxergando minha vida e minha carreira durante aquela determinada época. Nem sempre eles são os mais fáceis de se entender, mas sempre têm uma ligação muito forte com meu estado de espírito.

No começo de 2011, ainda estava colhendo os frutos do meu primeiro EP, fazendo alguns *show*s e me acostumando com a nova rotina. Naquela altura, eu já tinha uma agenda de *show*s, entrevistas para sites e blogs, etc. Nada tão badalado, mas aquilo representava uma grande virada de chave na minha vida.

Essa virada de chave melhorou também minha condição financeira, permitindo que eu pudesse sair da casa dos pais de minha namorada e fosse alugar um lugar para morar, e assim acabei voltando para meu antigo bairro, Lauzane Paulista.

Minha avó, que havia mudado para Governador Valadares (MG) antes, havia retornado a São Paulo e a trouxe para morar comigo nessa casa, assim ela se livraria do aluguel e contas da casa, que ficariam sob minha responsabilidade.

E num cômodo não muito grande, que ficava em cima da cozinha de minha casa, nasceu um estúdio que ganharia o nome que também batizou nosso coletivo de trabalho na época, o 3F's (*Foco, Força e Fé* – nome que nasceu da junção do bordão *Foco na missão* que eu já usava, com outras ideias e influências que nós tínhamos). O Projota, que é meu amigo de infância e fazia parte do coletivo, sintetizou tudo nessa sigla. Também estavam conosco o DJ Caique e o grupo Terceira Safra.

Quem acompanha meu trabalho, sabe que não são poucas as minhas parcerias com o produtor DJ Caique (um dos maiores e mais relevantes *beatmaker*s da nova geração) e foi exatamente nessa época que essa cumplicidade começou a se intensificar. Eu sempre compus relativamente rápido, em algumas horas eu tinha uma canção pronta. O Caique, por sua vez, tinha esse mesmo entusiasmo com as produções e as mixagens. Então era comum ele me mandar um *beat* (instrumental) pela manhã, eu devolver com uma voz gravada na parte da tarde e à noite ele me enviava de volta uma música mixada e masterizada, pronta pra lançar. Vendo que isso acontecia com certa frequência, percebi que era chegada a hora de entregar mais do que eu tinha a dizer para o mundo. Resolvi fazer uma *mixtape* (uma espécie de compilação, na qual as músicas são mixadas umas nas outras) com quinze músicas.

O nome *Dádiva e Dívida* surgiu por estar me sentindo tremendamente abençoado pela oportunidade de viver um sonho (a dádiva) e por outro lado sabia que isso me traria uma responsabilidade, especialmente no Rap, em que o conteúdo lírico é de extrema importância. Logo, teria que cuidar de minhas palavras como se fossem plantas, pra que pudessem crescer, criar raízes e dar frutos (a dívida).

Teoricamente, esse é o meu trabalho "menos comentado" quando comparado com os outros lançamentos, mas mal sabem vocês que essa *mixtape* foi essencial para minha evolução, pois foi nessas quinze faixas que eu experimentei vários dos diferentes Rashid que poderiam existir. Se não fosse por esse processo todo, os outros trabalhos não seriam o que são, pois possivelmente eu ainda estaria tentando encontrar a minha forma de rimar e criar.

Vou Ser Mais

Embora tenha sido gravada e lançada em 2011, a letra dessa música antecede até mesmo o *Hora de Acordar*. Quem frequentou alguma das minhas raras apresentações antes de lançar o primeiro EP, provavelmente teve a oportunidade de ouvir a música *Vou Ser Mais* num outro instrumental, de um artista norte-americano, o qual o DJ Zala (grande amigo) possuía em vinil. Achamos que combinava com a letra e resolvemos tocar nas poucas oportunidades que tínhamos. É possível até achar vídeos de algumas dessas apresentações por aí.

Escrevi essa música como se eu fosse outra pessoa. Incorporei um personagem que de certa forma até poderia ser eu, se não fosse

Dádiva e Dívida

a música, ou algum dos meus amigos e parentes. Usei uma figura comum nas periferias: o garoto cheio de ambições e sonhos que, se vendo desprovido de oportunidades, embarca na tentadora vida criminosa.

Não é um "Rap gangsta", quem pensou isso se enganou. É apenas a leitura de um determinado pensamento que levou um indivíduo aleatório até aquela situação. Em nenhum momento falo como Rashid, é mais como se eu falasse como centenas de milhares de moleques espalhados pelas periferias do Brasil que carregam o pensamento de querer ser mais.

> *Inferno em massa, levando os moleque pra vala*
> *Compra vida a longo prazo e distribui em troco de bala*
> *O destino da função amigo, não dá pra prever*
> *Não sei se eu já escapei dela ou vivo nela sem saber*

É incrível como a sensação de ter algo, quando se cresce num país tão cheio de riquezas que parece que não foram feitas pra você, é mais urgente e satisfatória do que a sensação de ser algo.

Essas linhas acima falam de como o crime se apresenta sedutor aos menores de idade, a ponto de você, enquanto adolescente, que vive nesse ambiente, não ter certeza do próprio futuro. Você pode ser confundido, seduzido, recrutado, iludido ou apenas um alvo em meio ao fogo cruzado. Como ter certeza que escapou?

> *Tô vendo gente viver merecendo morrer*
> *Tô vendo gente morrer merecendo morrer outra vez*
> *Embora eu saiba que é difícil pra família*
> *Merecendo viver memo, só uns 2 ou 3!*
>
> ---
>
> *As estrelas me dão mó paz, até queria ter uma*
> *Mas daqui do movimento eu não enxergo nenhuma*

Nessa rima mora um pouco da ingenuidade. É uma forma de dizer que todo mundo enxerga as coisas bonitas da vida e todos desejam as coisas boas, ninguém escolhe beber a água suja se houver um copo de água limpa à disposição, mas nem todos têm acesso a essas coisas boas ou a essa "água limpa". Nem todos têm a oportunidade de conhecer outro caminho ou a consciência de que é possível viver do fruto de seu talento. A verdade é que somos cercados de propagandas e figuras que enaltecem o poder da aquisição, mas de certa forma, não aprendemos que o sucesso é um processo, fica a vaga impressão de que num estalar de dedos tudo acontece. Aí na pressa, amigo, cada um escolhe o atalho mais curto.

2011

> *Camisa branca, calça bege, barba feita*
> *E eu vou ser mais (eu vou)*
> *No asfalto de berma com uma 9 na cinta*
> *E eu vou ser mais (eu vou)*
> *Na laje com o radim sempre ligeiro com os ganso*
> *E eu vou ser mais (eu vou)*
> *Minha coroa deu sangue pra eu honrar nosso sangue*
> *E eu vim pra ser mais (e eu vou)!*

Esse refrão foi escrito pelo Emicida naquela época, por volta de 2007/08. Nele é possível visualizar um personagem à la GTA (*Grand Theft Auto* – jogo) brazuca como o centro de nossa história.

> *Mergulhar nessa merda atrás de fama em pacote*
> *Fazer o quê? No meu velório tem que ter holofote*

Eu havia acabado de ler o livro *Muito longe de casa* (Ishmael Beah) e essa letra tem muito do que o livro diz, porém da perspectiva da nossa realidade, da nossa própria guerra civil.

O trecho acima leva o ouvinte ao encontro de uma frase icônica do Mano Brown na música "Vida Loka Parte II", do Racionais MC's:

Vou Ser Mais

> *Se é isso que cês quer, vem pegar!*
> *Jogar num rio de merda e ver vários pular!*

A intenção é colocar nosso personagem justamente nessa posição, de ser um dentre esses "vários" dispostos a mergulhar num rio de merda atrás do que acredita ser o lucro pra si.

Vou Ser Mais foi umas das minhas primeiras *storytellings* (canção que conta uma história) e acabou se tornando minha primeira música que ganhou um clipe (direção de Toddy Ivon), que na sequência se tornou meu primeiro clipe solo a atingir a marca de um milhão de visualizações. Histórico.

Selva

> *O instinto me ensinou a caçar*
> *Sem medo e sem saber esperar*
> *Porque eu nasci na selva!*

Quando recebi o instrumental do Laudz, comecei a ouvir repetidas vezes durante horas a fio, como de costume. A primeira coisa que me veio à mente foi: "Vou fazer uma música sobre a cidade de São Paulo!". E foi o que fiz.

Comecei a escrever e deixei que o *beat* me levasse aonde a música deveria ir. Terminei o primeiro verso, gostando muito do que via ali e quando fui cantá-lo novamente, me toquei que a letra falava, sim, sobre São Paulo, mas falava também de como é a vida em todas as cidades. Ali eu rimava sobre a pressa, a pressão e a opressão, sobre a correria, dinheiro, multidão, solidão, trabalho (ou a falta de). Enfim, rimava sobre o cotidiano cheio, solitário e cinzento de uma cidade. Foi aí que resolvi que o nome da música seria *Selva*, afinal era disso que falava, a selva de pedra.

Entendi que a música se conectava com qualquer cidade do mundo:

> *Ei, você que não gosta da gente*
> *Saiba que a gente não gosta de você também*
> *(Quem???)*
> *Porque eu nasci na selva, me entende?*
> *E quem vem da onde eu venho não gosta de ninguém*

Minha vida é dividida em capítulos: a vida simples que vivi em Minas Gerais e a vida simples que vivi em São Paulo. São dois universos completamente diferentes, começando pelo trato com as pessoas.

Quando vivi no interior de Minas, me tornei uma espécie de observador do comportamento humano porque o que eu via lá era muito distante da minha realidade até então. As pessoas realmente se importam com a resposta quando perguntam se você está bem, todos se cumprimentam pelas ruas, todos conhecem e se referem a você através de sua família (Ex: esse é o Michel, filho da Vitória, neto do Jorge e da Tereza, irmão do Murilo e por aí vai...) e eu achava isso incrível. Realmente existe uma atmosfera acolhedora naquele lugar.

Já nas grandes capitais, o que acontece é o contrário. Talvez a necessidade da praticidade e o confronto tempo vs dinheiro tenham moldado o cotidiano das pessoas dessa forma. Não há tempo para os outros, foque em você. É como se ninguém estivesse disposto a gostar de ninguém, especialmente quando acreditam em coisas diferentes.

Eu fui criado sem leis
Onde ou você cansa de esperar ou você faz sua vez
(Aprendi que...) Nessas ruas se erguem reis
Com seu próprio império bem antes dos dezesseis

Mais uma vez a metáfora sobre a juventude seduzida pelo crime. Infelizmente, essa ainda é uma relação muito próxima.

E o que precisa na selva se encontra
Aqui nada se cria, nada se perde... tudo se compra

Gosto dessa linha. Aqui, eu falo das leis naturais da vida na selva de pedra. Parafraseando o princípio de conservação da massa de Lavoisier: "Na natureza nada se cria, nada se perde, tudo se transforma". Na ciência de sobreviver na cidade grande, nada se cria, nada se perde, tudo se compra, já que as grandes capitais giram em torno do dinheiro.

Eis aqui outro dos motivos pelo qual a violência circunda nossas metrópoles, o capital.

Porque quem rege a nação é o "din", mané...

> *O diabo veste Prada e Jesus reparte o pão. Entende a parada?*
> *Cada um por si não, nossa visão tá errada*

Dádiva e Dívida

Talvez seja um pouco de ingenuidade minha, mas eu realmente acredito que é possível realizar muitas coisas quando se trabalha em conjunto. Minha empresa foi construída assim, minha carreira e tudo que tenho também. Tenho pessoas incríveis e dispostas que me ajudaram nesse caminho e não tenho dúvidas que sem elas tudo teria sido muito difícil ou talvez até impossível de realizar.

Certa vez, o Luiz Café me disse: "Não se faz música boa sozinho!". Eu não só concordo com a afirmação como também acredito que isso se aplica a quase tudo na vida.

> *Quem nasce sem dinheiro é raçudo e sagaz*
> *Quem nasce com dinheiro é sortudo e nada mais*

Já fui questionado sobre essa rima e minha ideia em relação à ela continua a mesma. Nela, eu quero dizer que quem nasce pobre tem como obrigação trabalhar (e muito!) pra conquistar coisas que aparentam ser básicas na vida de alguém que nasce em um "berço de ouro". É claro que há um certo exagero e um pouco de humor na frase, mas às vezes é preciso exagerar para fazer as pessoas enxergarem o óbvio.

Poucos e Bons

Mais uma das minhas músicas pessoais, dessa vez sobre meus amigos.

Carrego um certo orgulho de ter feito essa música, mesmo ela não sendo um dos "*hits*" da minha carreira, porque acredito que causou o efeito que eu gostaria que ela causasse.

Durante a composição de *Poucos e Bons*, eu pensei muito sobre minha relação com meus amigos, tanto os mais antigos quanto os recém-chegados.

A vida reserva um caminho diferente pra cada ser humano e nas curvas destes caminhos a gente acaba se distanciando de pessoas que amamos. Isso é natural! Me peguei pensando assim enquanto lembrava de alguns amigos que sumiram, tiveram filhos, arrumaram empregos em lugares distantes, alguns até tiveram problemas com a lei e precisaram se afastar. Outros simplesmente mudaram de bairro com a família e pronto, nunca mais nos vimos. Também me peguei pensando quantas vezes não fui eu esse amigo que sumiu, em meio às minhas mudanças de casa e/ou quando me foquei cem por cento no meu sonho e graças a isso acabei me afastando até de familiares.

2011

Eu precisava mandar um recado para estes amigos que ficaram guardados apenas nas minhas lembranças e nas fotografias, precisava contar para eles que eu sentia e sinto saudades até hoje. Como eu não tinha o telefone de ninguém, fiz o que sei fazer de melhor, rimei:

> *Essa eu escrevi pros meus amigos*
> *Porque quando eu perdi eles tiveram comigo*
> *Quando eu caí eles tiveram comigo*
> *Então quando eu subir eles vão tá comigo também*
>
> —
>
> *Eu tive amigos de todo tipo que se imagina*
> *Eu tive irmãos de outras mães que me aconselhavam*
> *Uns como filhos que se perderam em cada esquina*
> *Outros como pais que praticamente me bancavam*

Realmente, tive e tenho amigos de todo tipo que se possa imaginar. Ex-jogador de futebol, músico, ateu, evangélico, candomblecista, espírita, vegetariano, bêbado, dono de marca de roupa, dono de barraca de DVD, famoso, anônimo, etc. Amo todos eles igualmente e tenho consciência de que não sou o amigo mais presente, mas sou o amigo que vai sorrir junto na sua vitória e chorar junto na sua derrota.

Alguns desses meus amigos foram meus conselheiros. Tanto na música quanto na vida, sempre dei ouvidos ao que as pessoas em quem confio têm a dizer. Outros eram aconselhados por mim, por isso digo que eram como filhos.

Dádiva e Dívida

Agora, nenhuma parte é tão literal quanto a parte dos amigos que me bancavam. Passei por isso muitas vezes, por não ter fonte de renda e as condições em casa não serem as melhores na minha adolescência. Tive pessoas de bom coração em meu caminho que se dispuseram a pagar minha condução, às vezes uma refeição e outras vezes até inscrições em batalhas. O próprio Projota é um exemplo disso. Houve um tempo em que eu só conseguia ir a certos eventos de Rap porque ele se dispunha a pagar minha condução. Sou eternamente grato.

Pena que alguns deles já não tão mais por aqui pra poder me escutar!

Infelizmente, essa parte também é literal.

Quando os amigos se afastam, ou por opção ou por circunstâncias da vida, a gente pode até não entender, mas aceitamos. Quando um amigo falece, é difícil de aceitar e até mesmo de entender.

São coisas que fogem da nossa capacidade de compreensão e do nosso controle, por isso dói tanto.

Umas das perdas mais marcantes em minha vida foi a de um grande amigo meu de Minas Gerais, que durante uma época chegou até a compor algumas músicas comigo, acreditando no meu sonho quando nem eu mesmo tinha certeza. Ele estava num carro, voltando de uma festa e passando por uma ponte conhecida por ter um alto índice de acidentes. O carro capotou e caiu na represa, ele e outro conhecido acabaram se afogando por não conseguirem sair do veículo.

Aprendi a nadar nos rios e represas de Minas, me acostumei com a água turva e corrente. Mas depois desse acidente passei a ter medo de nadar em lugares assim, tamanho foi o meu choque. E adivinhem, eu não estava lá. Já havia me tornado o "amigo distante" que saiu da cidade pra correr atrás do sonho.

Vi vários mudarem de vida
E vi a vida mudar vários deles
Quando não tinham mais saída eu vi o filho alegrar vários deles
E criarem suas saídas inspirados neles

Essa parte é sobre aqueles que se tornaram pais ou mães cedo e acabaram se afastando porque a responsabilidade bateu à porta. E em alguns desses casos, algumas dessas pessoas estavam com sérios problemas e os filhos as fizeram voltar aos trilhos.

2011

Aos que ficaram e brigaram junto na saída
Escutavam minhas rima ruim de quando era moleque
E se hoje o rap é minha vida
Meus amigos são o principal motivo pelo qual eu faço rap

Por volta dos meus 15, 16 anos, eu já estava firme escrevendo minhas músicas. Já funcionava como uma terapia pra mim.

Em casa, nós tínhamos aquele aparelho de som duplo *deck* da Gradiente, em que você conseguia gravar a música de uma fita para outra. Usava esse artifício para gravar o que sobrava dos instrumentais dos Raps de outros artistas, gravando de uma fita para outra até ficar com a duração de uma faixa, algo entre 3 ou 4 minutos. Após fazer isso, gravava minhas rimas em cima desses instrumentais que eu "produzia" usando um fone de ouvido ligado na entrada de microfone do rádio e levava para meus amigos ouvirem. Na maioria das vezes, eu colocava o fone dentro de um pedaço de cano de PVC, para dar a impressão de que era um microfone. Era tudo muito ruim, desde a qualidade da gravação até a qualidade das próprias rimas, então a gente ria muito com aquilo, mas já era o começo de tudo.

Só quem já teve uma família na rua vai entender o que eu tô\\ falando!!!

Poucos e Bons

Nós nos tratávamos como família e, sem dúvida nenhuma, nos relacionávamos mais entre nós do que com alguns de nossos familiares. Assim foi minha relação com meus amigos na adolescência e continua até hoje, com meus poucos e bons.

Revoilusão

Dádiva
e Dívida

Aqui as explicações já começam pelo título. Um neologismo resultado da junção das palavras "revolução" e "ilusão". É nítido, mas é preciso destrinchar cada detalhe para explicar minha ideia.

Essa música é sobre a sensação de estar mudando algo quando na verdade as coisas continuam na mesma, mas você só enxerga o seu lado. É sobre a impressão da conquista, quando na verdade o que se tem são conquistas individuais e não coletivas.

A partir dessa premissa que as primeiras palavras dessa música nasceram. Por eu estar me sentindo bem com minhas conquistas pessoais, porém notando que ao meu redor a situação não acompanhou minha melhora, estacionou ou até piorou, em alguns casos. Eu me sentia mudando o mundo, mas estava mudando só o meu mundo apenas e precisava dar um jeito nisso.

> Hey, há *quanto tempo o silêncio nos guia? Digam!*
> *Há quanto tempo o medo nos guia?*
> *Há quanto tempo a gente trabalha duro*
> *Enquanto o senhor do engenho mantém a barriga cheia e a mente*
> *vazia?*

O mundo assistia quieto uma série de conflitos que ocorriam no seio do Oriente Médio e nas esquinas próximas de nossas casas. Então resolvi levantar essa questão logo nas primeiras palavras da canção. Por que estávamos em silêncio?

> *...Noção que para a mudança do mundo*
> *Era necessário bem mais do que uma camisa do Che Guevara!*
> —
> *...Em terra de corrupção o que são leis?*
> *...Se só servem pra nós e não pra vocês!*

As "desigualdades" que rondam a cultura, política e o povo em nosso país não são novidades pra ninguém, assim como o desequilíbrio em relação aos critérios na hora de aplicar as leis. É nessa ferida que essa linha vem tocar, assim como centenas de milhares de outras tantas rimas espalhadas em Raps pelo Brasil e pelo mundo.

É preciso que se entenda que muitas das vezes essas rimas não estão direcionadas ao "sistema", mas sim às pessoas comuns, com a intenção de fazer com que se abram os olhos para a verdade, porque é assim que a música pode fazer a diferença.

2011

> *Pedras na vidraça! Somos a resistência disso aqui*
> *Descendência de Tupi-Guarani*
> *Guaraná pra brindar nas calçada. Vi tanta indecência te entupir*
> *E o que diria Zumbi?*

Elementos tipicamente brasileiros pra descrever uma luta tipicamente brasileira.

> *Caem prédios, caem bombas, mas quando é que vai cair a ficha?*

Desde o começo deste século, a tensão entre os EUA e o Oriente Médio tem roubado nossa atenção com grande frequência nos noticiários e essa linha acima é uma lembrança das tragédias que esse conflito envolve. Sabemos que há muito mais envolvido nessa história do que aquilo que chega ao nosso conhecimento, mas o fato é que se você possui um coração, sabe que todos nós estamos perdendo nesse caso.

> *Coiotes na espreita*
> *Te obrigando a bater continência a quem você nem respeita*

Nesse ponto da letra, tinha em mente a lembrança de quando era criança e, em algumas escolas pelas quais passei, os alunos eram obrigados a cantar o hino nacional todas as sextas-feiras antes da aula, reunidos no pátio.

O curioso é que naquela idade a gente não entendia porque era necessário cantar o hino, também não sabíamos de onde vinha esse costume e muito menos entendíamos exatamente o que o hino queria dizer. Imagino que aquela era uma forma muito equivocada de tentar despertar o patriotismo nas crianças.

De que lado você tá: dos que saíram pelo mundo e falaram?
Ou dos que entraram na biblioteca e se calaram?

Depois de lançar a música, eu percebi que talvez essas últimas linhas deixavam uma abertura para uma interpretação errada, que passava longe do que eu quis dizer.

Minha ideia era dizer (com uma metáfora) que é vital que a gente espalhe nosso conhecimento por aí, contrariando a "lei do silêncio" que existe dentro das bibliotecas. Já do jeito que a rima foi ao mundo, pessoas poderiam entender que eu estava condenando a pesquisa, o estudo. Essa é uma boa oportunidade de deixar explícitas as minhas reais intenções.

Os que acompanham o meu trabalho, seja nas redes sociais, nos *shows*, nos lançamentos ou em todos eles, sabem que faço questão de ressaltar a importância da busca pelo conhecimento. É assim que o Rap me ensinou a ser e é isso que quero passar adiante.

Conhecimento é a chave, caso contrário... Será só *uma revoilusão*.

Pessoas São

Meu lado antissocial resolveu colocar para fora as razões pelas quais ele existe e esse foi o resultado.

Essa música é totalmente voltada a fazer o ouvinte pensar em qual desses pontos ele se encaixa. Não se trata de provar que o ouvinte está errado, se trata de abrir os olhos para os erros que todos nós cometemos, incluindo este que vos escreve.

Pessoas São é uma música sobre a natureza humana e suas falhas, que fazem da vida uma passagem e um aprendizado tão especial. O problema está em quando sabemos que erramos, mas continuamos errando pois isso nos traz lucro ou vantagens sobre os outros.

Pessoas são o que pessoas são
Enfraquecem o seu lado melhor
Ao invés de luz preferem escuridão
Engrandecem o seu lado pior

2011

Eu vejo as mesmas, andando como fantasmas
Ecto-plastificadas, tão pasmas
Tão perto e tão longe da paz, mas...
Preferem marcas e tvs de plasma

Na parapsicologia, o termo *ectoplasma* é usado para indicar um tipo de substância visível, uma espécie de massa, considerada capaz de produzir materialização do espírito.

Quando eu digo "ecto-plastificadas", quero que esse neologismo cause uma relação rápida na mente de quem escuta a rima e faça a pessoa pensar num espírito plastificado. Uma alma sem vida. É daí que partimos.

Vejo as faces iguais, opiniões iguais
Pensadores como antes já não se fazem mais
Professores, governantes já não se importam mais
Aliás, pergunte ao povo o que um deputado faz

Com a expressão "faces iguais" eu levanto uma outra questão que cerca nossa cultura e, de certa forma, nos sufoca: os padrões de beleza.

Por que o negro não serve? A pessoa gorda não serve? O cabelo crespo não serve? O gay, o índio, o deficiente físico, etc. Por que?

Os padrões de beleza "europeus" que foram estabelecidos no nosso Brasil "miscigenado" aprisionam, machucam e enterram a autoestima de mulheres e homens de todas as idades no país inteiro e o tema ainda é tratado com certo desdém.

Compus essa música em 2011 e o assunto já não era novidade. Agora, enquanto estou escrevendo isto (2016/17), as coisas não mudaram nem um pouco.

Quando eu digo na sequência que não se fazem pensadores como antes, não quer dizer que esses pensadores não existam, muito pelo contrário, eles existem, mas não são vistos com os mesmo olhos.

Nós somos os pensadores de hoje em dia.

> Dádiva e Dívida

Dinheiro é podre mas quem foi que criou isso?
Armas destroem mas quem foi que criou isso?
A inveja, a cobiça, a malícia, a milícia, polícia, quem foi que criou
isso?

Aqui é o ponto onde eu quero dizer: "Eu também faço parte disso, sou humano. Mas estou cantando isso para ver se encontramos melhores caminhos para nós mesmos".

Pessoas são o que são dentro da mente
Da pele pra fora elas são o que o mundo cria
Elas morrem porque só vivem 10% somente
Ou vivem morrendo 10% por dia?

Sempre penso que as pessoas têm coisas boas em suas mentes, mas às vezes têm que agir conforme o mundo exige. Seja no *"showbiz"*, nos negócios e outras vezes até na vida pessoal. Essa é minha forma de enxergar uma melhora.

Prefiro e preciso ter essa esperança.

Certa vez, entrei no antigo Studio SP da Rua Augusta e vi o KL Jay (DJ dos Racionais mc's) tocando *Pessoas São* em plena balada e minha primeira reação, claro, foi olhar em volta e ver como as pessoas reagiam, foi inevitável. Queria saber se estavam curtindo a batida (que é uma produção minha) e a rima. No começo me senti um pouco constrangido por estar ali ouvindo minha música naquele ambiente cheio de gente, mas depois até que curti a sensação. Pensei: "É assim que o Jay-Z deve se sentir!"

Mas a lição mais valiosa de toda essa experiência foi perceber que era possível fazer minha música chegar nas pessoas e tocar nos lugares mantendo o conteúdo, o papo reto, a mensagem.

Seria o caminho mais difícil, eu já sabia, mas era exatamente esse o caminho que eu queria. Eu tinha que escolher e escolhi.

Eu só precisava de uma confirmação…

Que assim seja

2012

As coisas estavam melhorando e eu estava em meio à outra mudança de casa, saindo daqueles pequenos cômodos com estúdio em cima e indo para um apartamento. Havia acabado de me casar com a Daniela e precisávamos de um lugar maior e melhor, afinal, para frente é que se anda.

Me casei, me mudei, estava fazendo shows e as pessoas estavam passando a conhecer meu nome, sem dúvida esse era um ótimo momento. Era hora de colocar algo novo nas ruas.

A fim de juntar faixas inéditas para um novo projeto, eu trouxe músicas que fiz no antigo estúdio 3F's e algumas outras que gravei na casa do DJ Caique. Juntamos as que considerávamos as melhores, terminamos outras que ainda estavam pelo meio do caminho e então veio ao mundo a *mixtape Que Assim Seja*.

Esse foi o segundo divisor de águas em minha carreira e sem dúvida nenhuma, o mais poderoso.

Quando lancei essa *mixtape*, eu estava feliz com meu crescimento dentro da cena do Rap e orgulhoso com os novos patamares que o Rap brasileiro vinha alcançando. Criolo tinha acabado de lançar seu premiado e comentadíssimo *Nó na Orelha* e Emicida havia acabado de se tornar o "Artista do ano" no VMB 2011 (MTV Brasil). Vivíamos uma excelente fase. Propagandas, casas de shows, revistas, jornais, eventos corporativos, etc. Todos queriam o Rap por perto, graças à grande influência e proximidade com a juventude. Esse era o prelúdio do crescimento que a gente tanto desejava.

Eu via aquilo tudo com os olhos esperançosos de quem sabia que ainda havia muito o que fazer, mas também enxergava que o reconhecimento era merecido, afinal aquilo tudo era fruto de um trabalho árduo que vinha de anos atrás somado ao esforço das gerações anteriores. Assim surgiu o nome *Que Assim Seja*, que é uma confirmação equivalente ao "amém" falado no fim das orações. Eu estava confirmando (pra mim mesmo e pros meus ouvintes) o meu momento e o momento da cultura que eu amava e na qual acreditava.

Que assim seja

Com um significado tão especial, pensei bem e decidi que não havia melhor data pra lançar esse trabalho que o dia do meu aniversário. Então, no dia 21 de março de 2012 (completei 24 anos nessa data), no começo da noite, estávamos meus amigos e eu na minha casa fazendo uma transmissão *online* via *Twitcam* (tendência na época), do que seria minha festa de aniversário e lançamento da *mixtape*. Sete mil pessoas nos assistiam.

Começamos muito bem e só na primeira semana foram mais de 100 mil *downloads*. Ou seja, parecia que o bom momento estava se confirmando.

O primeiro e único clipe desse trabalho, da faixa *Quero Ver Segurar* (dirigido por Pedro Gomes), foi parar entre os candidatos da categoria "*Hit* do Ano" no VMB 2012 e ainda me rendeu uma indicação na categoria "Revelação" dessa mesma edição do prêmio. Em novembro daquele ano, lançamos um mini-documentário com imagens do show de lançamento desse CD, regado a ideias que resumiam nossos sentimentos sobre aquela fase. O título do documentário trazia outra confirmação: *Assim Se Fez*.

2012 foi um ano realmente especial e cheio de projetos incríveis, como por exemplo, a turnê dos "3 Temores" (um trocadilho com os 3 *Tenores* – Plácido Domingo, José Carreras e Luciano Pavarotti – porém muito mais inspirado nos 3 *Malandros in concert* de Bezerra da Silva, Dicró e Moreira da Silva), com a qual Emicida, Projota e eu rodamos várias cidades do Brasil num show com os três no palco ao mesmo tempo misturando e cantando mais de duas horas de nosso repertório. Acredito que até aquele momento essa era uma ação inédita no nosso movimento e até hoje as pessoas pedem outra turnê dos três juntos.

A *mixtape Que Assim Seja* me ajudou a ficar no nível dos caras para os shows e os shows me ajudaram a levar a mixtape ainda mais longe.

Graças a tudo que aconteceu naquele ano e à boa aceitação do projeto, esse CD se tornou um dos meus trabalhos mais comentados e trouxe várias das minhas primeiras músicas a alcançarem seus primeiros milhões de visualizações no *YouTube*.

Depois de ler tudo isso, acho que você vai concordar comigo

quando digo que foi ali que minha carreira começou a andar de verdade e passamos a ter o respeito de outros artistas. Eu estava deixando de ser uma promessa – o "moleque que tem futuro" – e começando a ganhar ares de realidade.

2012

Que Assim Seja (a música)

Sempre me enxerguei como um mensageiro. Como uma espécie de ferramenta através da qual as pessoas vão ouvir coisas boas e ruins sobre a vida e a humanidade. Acho que todo poeta, compositor, cantor, escritor ou qualquer outra pessoa que transmite algo através de suas ideias, de sua criatividade, carrega esse fardo, gostando ou não. Isso tem muito a ver com o bordão que se tornou minha marca e nome da minha produtora, Foco Na Missão, e tem muita influência na forma como guio minha carreira.

Longe de mim querer ser o detentor da verdade absoluta ou coisa do tipo, pelo contrário, eu só transmito ideias. Experiências pessoais, coisas que vivi, ouvi e vi, coisas com a quais eu concordo, etc. Por isso acredito que o termo *mensageiro* se encaixa muito bem nesse caso.

A música *Que Assim Seja*, embora tenha o mesmo título que a *mixtape*, traz um sentido completamente diferente como bagagem. Essa música nasceu com o intuito de ser uma espécie de "oração do mensageiro", algo com o qual as pessoas dispostas a transmitir essas mensagens pelo mundo pudessem pedir proteção para conseguir completar suas missões. Não por acaso, o título inicial da faixa era *Proteja-me*, mas o DJ Caique sugeriu que a música fosse renomeada, pois era uma das melhores e tinha de ser a faixa-título.

Quando compus a letra, a música ainda não tinha um refrão e logo de cara eu pensei que deveria chamar alguém com uma bela voz para trazer mais vida à faixa, foi aí que me veio à mente de chamar a talentosíssima Flora Matos. Ela topou e ficou encarregada de compor algo para o refrão. Semanas depois, recebi uma mensagem dela dizendo que havia um pedaço da letra que tinha uma grande força e que seria difícil compor algo mais forte que aquilo para ser o refrão da faixa. Ela queria usar o trecho da letra que inicia meu segundo verso. Concordei com a ideia, hesitante no início, mas logo fui convencido de que era a melhor escolha quando recebi as vozes gravadas que cantavam lindamente como um coral de anjos:

Que assim seja

Proteja-me na hora da entrada
Proteja-me na hora da saída
Sei que perante ti eu não sou nada
Mas que minha missão seja cumprida

O instrumental do Casp era diferente de tudo que eu já havia pego para gravar e, quando somado com esse refrão da Flora, não teve jeito, a música se tornou o carro-chefe do projeto.

Licença pra eu chegar na sua casa
Mas como um convidado, que passa e fica...

Estava literalmente pedindo licença aos meus ouvintes para que pudesse me tornar algo mais do que um artista de momento, eu queria me tornar companheiro daquela pessoa que me ouvia.

Vários por aí tão na de ultrapassar
Mas se não sabe porque corre, cê nunca vai chegar

Esse verso foi totalmente voltado às pessoas que tinham/têm uma visão distorcida do que de fato é a competição dentro da arte. É claro que a competição faz parte do mercado musical, da arte e principalmente quando falamos de Hip-Hop, já que crescemos em meio às batalhas de MC, Break, DJ e os grafiteiros são peritos na arte de procurar melhores técnicas, melhores traços, melhores muros, tintas, etc. A competição (de habilidades) faz parte do Hip-Hop, mas quando as habilidades são deixadas de lado e você passa apenas a desejar o lugar, o título da outra pessoa, ela se torna inútil.

Competição que não leva à evolução não serve para muita coisa além de alimentar egos.

Vi que tudo vai passar
Sorrir, trabalhar, dormir, despertar
Morri pra viver, sofri pra ganhar
Perdi pra aprender, prendi pra deixar
Ouvi por saber que era bom escutar   2012
Caí pra perceber que a honra tá no levantar

Aqui coloco coisas contrárias para se confrontarem. Foi a forma que encontrei para dizer que é necessário conhecer os dois lados de uma moeda para obter êxito. O "morrer pra viver" é sobre deixar algumas coisas e/ou lembranças morrerem para poder focar no futuro. Algumas vezes isso pode doer (e vai), mas o porvir vale a pena.

   Se você começar a reparar desde agora, vai perceber que essa música e essa *mixtape* também marcam um ponto onde minhas letras começaram a ganhar mais níveis de profundidade. Acho que isso também tem a ver com a idade, porque há certas coisas que só o tempo traz e só o próprio tempo vai te fazer entender isso. E foi justamente escrevendo este livro que fui perceber essa diferença entre as camadas de profundidade das minhas letras pós *Que Assim Seja*.

Independente de correntes no seu pé
Se você se sente livre, então você é…

Realmente acredito que liberdade tem muito a ver com mentalidade e eu também falo disso em outras letras mais recentes. É possível estar preso, porém se sentir livre, mental e/ou espiritualmente.

   Não são poucos os grandes pensadores da humanidade que já falaram sobre a prisão do corpo não significar a prisão do pensamento. De Bob Marley a Ghandi e até Augusto Cury. Eu, particularmente, concordo.

Eu que já trabalhei de servente em até plantações de café

   Minha adolescência em Minas Gerais não é segredo para ninguém, já que, de música em música, eu vou citando minhas experiências por lá em doses homeopáticas. Esse é mais um desses trechos, onde divido minhas histórias com vocês.

Que assim seja

Quando fomos para Minas Gerais, construímos nossa casa e, para economizar, eu fui o servente (ou ajudante) de pedreiro nessa obra, aos 13 anos. Carregava os blocos, areia, cavava os buracos para as colunas e fundação da casa e fazia as massas, de concreto e cimento normal. Como a casa está de pé até hoje, acho que fiz um bom trabalho.

Em dado momento, foi preciso ir para a lavoura de café com minha mãe para garantir a comida na mesa, essa foi nossa época de boia-fria. Um trabalho difícil, porém muito honrado. Para esse tipo de serviço, você precisa trabalhar em duplas, para a segurança e praticidade de ambos, e sempre que a pessoa que formava a dupla com minha mãe faltava, eu a substituía.

Sou muito grato por toda a vivência adquirida durante esses anos na Serra de Ijaci, e acredito que esse é um tempero que ajuda a diferenciar minha música.

A vitória dos meus, eu não perco por nada

Essa linha, sim, tem ligação direta com o significado do título da *mixtape* em relação ao momento do Rap. Com isso eu queria dizer, "Eu estarei lá!". Para ver a vitória dos meus irmãos, para aplaudi-los, sabendo que com isso eu me torno vitorioso também e com a certeza de que meu momento chegaria também.

E que os bico lavem bem a boca antes de falar o nosso nome!

Drama

Minha música é completamente sincera, comigo e com o ouvinte. Sendo assim, atravessamos fases boas e ruins juntos.

Essa faixa, *Drama*, traz um desabafo geral sobre a vida que levamos, independente de onde seja. Conflitos pessoais, financeiros e sociais foram colocados à mesa por mim e meu parceiro de autoria nessa canção, Rodrigo Ogi.

Cada cidadão vive seu drama particular, às vezes no isolamento, às vezes em meio a familiares e amigos, mas o fato aqui é deixar claro que todas as pessoas passam por momentos difíceis. Isso não é uma particularidade de determinado tipo ou classe de seres humanos, é um mal que afeta a todos e é preciso enfrentar essas fases de peito aberto.

2012

O amanhã nunca foi garantido
Ele vem quando quer, pra quem ele quiser, tendeu?
Se ele vier sinta-se absolvido
Dos seus pecados sejam eles quaisquer

Nesse verso falo sobre as "segundas chances" que a vida nos proporciona. Segundas chances, terceiras, quartas, quintas, etc. Como se cada dia fosse uma nova chance de se tornar uma pessoa um pouquinho melhor do que no dia anterior. Como se, se por acaso hoje você acordou, então é porque você tem uma nova oportunidade, tente não errar tanto quanto ontem. O clichê da vida real.

A vida é indecifrável como a cabeça de uma mulher
Contraditória como o Sol e a Lua em seu affair
Manos meus
E tentar entendê-la é como meter a colher nos planos de Deus

A vida muitas vezes é indecifrável e contraditória. Certas coisas simplesmente não fazem sentido ou só irão fazer sentido no futuro, é preciso entender isso.

Um ladrão vem quando menos se espera...

Bíblia, livro de Mateus, capítulo 24, versículo 43.

Como o destino te apontando, dizendo já era!
Misture medo e decepção, o que gera?
Um Tera-byte *de expectativas terá*
Aquecendo seu globo como um furo na atmosfera

Que assim seja

Nestas linhas acima, acredito que a mensagem esteja bem clara, mas o destaque vai para a metáfora.

Como "globo" entenda cabeça, e aqui quero traçar um paralelo entre nossos próprios problemas e os problemas do planeta Terra. Toda essa expectativa, ansiedade (junto com a depressão, os males da nova geração) e medo acabam se tornando a receita perfeita para "esquentar nossas cabeças", assim como tudo aquilo que jogamos na atmosfera (poluição) tem aumentado o buraco na camada de ozônio e contribuído para o aquecimento global.

É o desastre natural particular.

Cuide do seu presente
Porque o veneno não tá na maçã, tá na má intenção da serpente
Geralmente, com um demônio no ombro esquerdo
Um anjo no ombro direito, os dois comendo sua mente

Mais um trocadilho com algo da Bíblia, não pela polêmica, mas pelo fato de eu ter crescido na igreja, então eu tenho muitas dessas referências em mente. Minha intenção com essas linhas é usar um exemplo comum para as pessoas para poder desenhar melhor o argumento.

Aqui digo que não adianta culparmos a maçã – que pelo jeito nem era uma maçã – pelo ocorrido a Adão e Eva no Jardim do Éden (sem religiosidade, olhemos pela perspectiva apenas do exemplo, da metáfora), quando a má intenção partiu da serpente. É mais ou menos parecido com quando culpamos uma determinada situação pela nossa tristeza, mas nos esquecemos daquilo que nos levou a essa tal situação. Na maioria das vezes, nós mesmos.

Aceita um conselho?
Quando quiser achar o vilão da sua história é só se olhar no espelho

Simples, direto e sincero. Quantas vezes não somos nós mesmos os culpados por coisas desagradáveis que nos acontecem, permitindo que pessoas, energias ou situações atinjam um ponto onde fogem do nosso controle.

Falando sobre a música, me sinto um pouco desconfortável ao explicá-la porque me vejo na posição de quem está tentando dar um sermão ou até mesmo tentando dar conselhos de autoajuda. Mas acredito que essa visão muda quando você, ouvinte/leitor, entende que simplesmente estou falando de mim mesmo, dos meus próprios dramas.

Essa é a magia do Rap, as letras muitas vezes são tão pessoais que se encaixam perfeitamente na vida de outras pessoas que passam por situações parecidas. Daí surge a identificação.

> *O mundo só te joga bombas*
> *Milhões de contas pra pagar*
> *O dinheiro voa como pombas*
> *Quando você tenta se aproximar*
>
> *Vive seu drama, seu drama!*

Esse é o refrão da faixa e ele merece todos os créditos pelo fato de eu ter convidado o Rodrigo Ogi para rimar comigo nesse som. Quando terminei de gravar esse refrão, achei que ele tinha totalmente a cara das músicas do Ogi, logo, não pensei duas vezes para convidá-lo.

Se o Mundo Acabar

Existe uma profecia Maia que previu o fim do mundo para o ano de 2012. Segundo a profecia, uma hecatombe mundial abateria a raça humana por volta do dia 21 de dezembro.

Quando o ano de 2011 se aproximava de seu final, muito se falava sobre o possível "fim do mundo" previsto para o próximo ano. Muitas profecias apocalípticas, que ousaram datar o acontecimento, caíram por terra durante a história da humanidade, com essa não seria diferente, mas eu resolvi olhar de outra forma para o tal "evento".

Nos últimos dias de 2011, lancei uma música que seria um presente de fim de ano para os fãs. O nome da música? *Se o Mundo Acabar*.

Que assim seja

A letra da faixa contava um pouquinho de tudo que eu havia passado na vida até chegar aquele momento. Soava como um testamento, uma carta de quem imaginava que o mundo poderia, sim, acabar em pouco tempo, mas ainda tinha muitas coisas a dizer.

> ... *Se o mundo acabar em 2012*
> *Pelo menos minha parte eu tô fazendo!*

Assim termina a faixa.

A ideia era sobre quanto tempo as pessoas perderam/perdem debatendo sobre o final dos tempos enquanto poderiam estar se dedicando a viver mais e melhor, se dedicando mais às suas causas, à sua busca pela felicidade, à realização de algo. Eu queria dizer: "Bora viver porque a vida de todos segue o mesmo sentido!".

Sinceramente, embora eu tenha gostado muito do resultado final, na época eu não imaginei que essa música fosse repercutir tanto, a ponto de se tornar a faixa de encerramento dos meus shows por pelo menos uns dois anos seguidos. E quando não a colocávamos no *setlist*, o público gritava pedindo por ela e se eu fosse embora sem tocá-la, com certeza receberia dezenas de recados nas redes sociais do tipo: "O show foi ótimo, só faltou *Se o Mundo Acabar*!".

Com a intenção de ser um presente para os fãs, nascia uma das faixas mais marcantes da *mixtape Que Assim Seja*.

> *Eu andei até minhas pernas não me aguentarem mais*
> *Na missão de mostrar pro povo que não é bom se calarem mais*
> *Eu deixei dois irmãos, uma vida e minha mãe pra trás*
> *Esse fardo pesa, né? Só que a saudade pesa muito mais*

Primeiramente, vamos analisar tecnicamente este verso.

Usei a mesma palavra no final dessas frases, a palavra *mais*. Para algumas pessoas, isso pode fugir da característica de uma rima, porém, aqui eu rimo com as penúltimas palavras, o *aguentarem* com o *calarem*. É uma técnica bem comum na verdade, uma espécie de brincadeira com o *flow* (*flow* = fluxo; a forma como você flui com suas rimas em cima do instrumental). A terceira linha já traz uma mudança e na quarta o *mais* volta a aparecer.

Essas são apenas formas simples de fugir do lugar-comum na hora da escrita.

Sobre o significado, quando digo que andei até minhas pernas não me aguentarem mais, me refiro a alguns dos episódios da minha vida nos quais não pude pegar um transporte público para ir até determinado lugar, seja por falta de dinheiro ou por falta do próprio transporte público.

Em Minas Gerais, por exemplo, as caminhadas eram bem comuns. A escola onde estudei e a igreja que eu frequentava ficavam no município vizinho, a 2 km de casa. Até aí, tudo bem, mas eu e meus amigos já chegamos a ir para cidades mais distantes caminhando, gastando cerca de três horas andando pelas estradas de terra (para cortar caminho), sob o sol escaldante do interior mineiro.

Em São Paulo também já passei por algumas dessas aventuras, voltando do centro da cidade até meu bairro (Lauzane Paulista) a pé por ter perdido o tempo da integração do Bilhete Único.

Graças a essas andanças e muitas outras, acabei pegando gosto por caminhadas. A maior vantagem é que eu transformo tudo isso em música.

Sem direção (sem!), e fiquei sem coração (sem!)
Na função de fazer um din ou viver sem condição

Din é só uma gíria para dinheiro, quase um apelido carinhoso.

Essa coisa de ficar sem coração se refere àquele ponto da história onde eu me apeguei às ideias e ao código de conduta dos samurais e acabei me desapegando de muita coisa que os jovens da minha idade desejavam com todas as forças. Roupas, carros, motos, viagens, etc. Eu não ligava para nada disso, estava apenas focado na música e ocupado com a minha sobrevivência.

Eu também quero dinheiro, mas eu quero liberdade
Que não vem de brinde se a grana compra felicidade

—

> *Mas a metade daqueles que tavam comigo na rua quando era*
> *moleque*
> *Sumiram, morreram, casaram, tiveram uns filhos, correram,*
> *mudaram de* CEP
> *Ou se perderam por causa de cheque*
> *Ou deram asa pra algum pé de breque*
> *E eu que tava ali no meio só posso dizer que eu fui salvo pelo Rap!*

Que assim seja

É como naquela parte do livro em que falo da música *Poucos e Bons*, a gente acaba perdendo o contato com pessoas queridas por causas naturais da vida. Infelizmente outras, por causas não tão naturais assim.

De onde vim, você se acostuma com pessoas partindo, seja porque vieram a óbito ou porque se mudaram em busca de um lugar melhor para viver. Eu vivi, vi e ouvi tudo isso, a parte boa e a parte ruim. O que posso dizer é que fui literalmente resgatado pelo Rap. Literalmente porque fui obrigado a me mover para fazer minha música acontecer. É como se eu tivesse alguns caminhos para escolher e a música me trouxe possibilidades totalmente novas e inexistentes até aquele momento.

> *Quero um bom lugar, pra gente ficar*
> *Pra viver a vida sem ter que explicar…*

Esse bom lugar falado no refrão se trata do mesmo ao qual Sabotage se referia na faixa *Um Bom Lugar*.

> *Viram que é de coração minha alma vive do meu* flow
> ---
> *Seu nome é pra sempre, o resto é passagem*

Minha arte é minha forma de me tornar imortal e, ano após ano, eu venho trabalhando nisso. Caso surjam novas profecias de fim do mundo e alguma delas se confirme, minha história já está, literalmente, escrita.

Uma curiosidade sobre esta faixa é que, durante a gravação

na casa do Caique, estávamos tão empolgados com o quão boa a música estava ficando que esquecemos de apertar o botão "salvar" no programa que ele usava para captar as vozes. Chegamos a gravar 80% dos vocais e até o refrão quando, de repente, houve uma queda de energia. A luz piscou, o computador desligou e como não havíamos salvo, perdemos tudo que estava gravado.

Todas as vozes gravadas foram por água abaixo junto com nossa empolgação.

Esperamos alguns minutos e retomamos a gravação, claro. Terminamos a música ainda naquela tarde, mas até hoje temos certeza absoluta de que a primeira versão estava infinitamente melhor.

Pequena nota sobre *Rolê de Kadet*

A música não é só uma forma de exorcizar nossos males interiores e passar adiante nossas ideias e ideais, ela é uma forma de nos divertirmos também. Baseada nesse pensamento nasceu a faixa *Rolê de Kadet*.

Nessa época (2011/12), ainda estávamos com o estúdio 3F's.

Certo dia, durante uma sessão de estúdio, num dia ensolarado de verão em São Paulo, eu comecei a balbuciar essa letra como brincadeira:

Rolê de Kadet, rolê de Kadet
Eu e minha gata tomando um sorvete

Meus amigos ali presentes começaram a rir e disseram que eu deveria fazer um som com esse refrão. Eu ri de volta e falei para eles não duvidarem de mim. Então, todos rimos e a conversa foi esquecida.

Semanas depois, quando eu estava em fase de produção da *mixtape Que Assim Seja*, percebi que havia produzido um *beat* (instrumental) com um clima muito ensolarado, me soava como um sábado na feira – sempre enxerguei a cor e os cenários das músicas. Foi então que me lembrei daquela brincadeira e resolvi transformá-la em um tema de música.

Que assim seja

O Kadett (carro da Chevrolet, cujo nome, na verdade, é escrito com duas letras T no final. O nome da faixa foi escrito de forma errada na época e assim permaneceu) já não era mais uma novidade do mercado automobilístico há décadas e isso trouxe um ar cômico para a faixa.

A mensagem aqui era que o passeio deve ser mais importante que o transporte, assim como a causa do brinde deve ser mais valiosa que a bebida. Emicida também tem uma rima sobre isso.

Quando Éramos Reis

Quando Éramos Reis na verdade é o nome de um documentário norte-americano sobre a lendária luta entre os ícones do boxe, Muhammad Ali e George Foreman, considerados dois dos maiores pesos pesados do mundo.

Numa noite qualquer, com o controle remoto na mão passando os canais na TV, acabei encontrando esse documentário que, sem saber, ajudaria a ampliar minha visão sobre o boxe, sobre como o esporte pode influenciar na política, mas principalmente sobre Ali e sua relação com a cultura e a luta negra. Sua ideia de resgate, autoestima, orgulho e respeito, literalmente entraram na minha mente, por isso, resolvi escrever essa música e já nos primeiros segundos declaro:

> *Dedicado a Muhammad Ali e o pensamento*
> *Que ele implantou na minha mente*
> *Se você não conhece, procure saber!*

Tentei pegar toda aquela bagagem, que no caso do documentário trata do esporte, e trouxe para a música, especificamente para o Rap, de forma muito passional e nostálgica.

Essa faixa tem um tom de desabafo, um esbravejo de versos de alguém que quer lembrar aos ouvintes algo que está dentro de nós. Lembrar os valores que nos fizeram pisar nesse outro mundo chamado Hip-Hop.

Licença pra eu ser eu, camaradagem
MCs surgem em massa por aí mas não são da nossa linhagem
Não agem, se abalam
Até falam sobre ações mas suas ações não condizem com o que falam

2012

Minha geração ficou conhecida pelo empreendedorismo dentro do Rap. Sem dúvidas não inventamos isso, mas ajudamos a popularizar. Os moleques que desenhavam e vendiam camisetas e bolsas durante as batalhas que participavam e depois de um tempo estavam fazendo camisetas e moletons de sua *crew* (*crew* = coletivo) para vender, tendo em vista que os maiores modelos de sua marca eram eles mesmos. Aprenderam a usar as mídias sociais a seu favor, lançaram CDs e clipes independentes, angariaram público, indicações, premiações e então uma turnê nacional que mexeu com as estruturas do cenário acompanhada de um videoclipe de música inédita que hoje ultrapassa a marca de oito milhões de visualizações no *YouTube*. Éramos nós.

Havia também muitas outras coisas grandes sendo feitas pelo país por outros artistas que começaram a aparecer com solidez e com outra concepção do "*business* musical". Estávamos adentrando numa nova era.

Com isso, infelizmente, iniciou-se também uma tendência em se autointitular "*business man/woman*" que fez muito mal para artistas que tinham mais facilidade em falar sobre trabalho do que em trabalhar. Então essas linhas acima vinham como um alerta.

Vi que Rap é compromisso pelas rua
E em respeito à rima do Sabota, é o momento de escrever a sua

Sabotage escreveu o hino "Rap É Compromisso" (parte do álbum clássico com mesmo nome), mas ao achar que muitas pessoas viviam reproduzindo essa frase sem ao menos mexer um dedo pelo Rap, pelo Hip-Hop ou por elas mesmas, eu quis dizer que se você realmente acredita que o Rap é compromisso, era chegado o momento de demonstrar esse compromisso, em forma de ação.

> *E quando não existirem mais pessoas que nem eu*
> *Aí cê procura um trampo, porque o Hip-Hop morreu*

Que assim seja

Quem são as pessoas que nem eu? São os apaixonados pelo movimento, aqueles que quando não largaram tudo e todos pela causa, trouxeram tudo e todos para dentro da causa por acreditar que o Hip-Hop é nosso lar.

São essas pessoas apaixonadas que mantém o Rap e o Hip-Hop nos eixos, seguindo em frente. Estudando, comprando discos, ouvindo, assistindo aos clipes, indo aos shows e eventos, e no meu caso, produzindo e investindo nessa arte. Inclusive, fica aqui expressa a minha imensa gratidão a todos estes apaixonados.

> *Um por amor, dois por amor, três por quando éramos reis*
> *Se for noiz por noiz, quando éramos reis*
> *Em uma só voz, quando éramos reis*
> —
> *Eles querem que a gente pereça*
> *Eu fui humilde demais e quase pisaram na minha cabeça*

Essa última frase foi totalmente inspirada na fala do Mano Brown na faixa *Sou + Você*, do álbum *Nada Como Um Dia Após O Outro Dia*.

> *Pra deixar noiz na vertical*
> *Antes que o tempo se encarregue de me colocar na horizontal*

Vertical no caso quer dizer de pé, vivo. Horizontal seria deitado, morto.

> *Vários incrédulos desmembraram nossas células*
> *E a medula do nosso movimento*
> *Por isso eu não "ramelo", nas vielas desse verde e amarelo lar*
> *Pra tirar do vermelho nosso pensamento*
> *Geração de paralelos à luta e martelos dão multa*
> *Poucas pérolas no nosso tempo*
> *Mas pela flâmula, içamos as velas, sou um mero ás*
> *E dane-se quem não entende o sentimento!!!*

Essas linhas acima têm como referência a música "Construção" de Chico Buarque, em que ele brinca com palavras oxítonas, paroxítonas e proparoxítonas. Trouxe essa "brincadeira" para minha composição como forma de fugir novamente do lugar-comum, porém com um adendo, já que em certos momentos eu somo palavras e uso a sonoridade para rimar. Por exemplo, quando rimo *célula* com *verde e amarelo lar*, onde quem rima é a sonoridade das palavras amarelo + lar, formando algo como "amarélula". O truque é repetido mais à frente quando uso *um mero ás* para rimar com *pérola*, soa algo como "uméroas", e nesse caso temos uma rima fonética (que não é uma rima exata, mas tem um som parecido).

2012

Em Alguma Esquina

Eu gosto de pegar pequenos detalhes da minha vivência e transformar em tema para as músicas. Detalhes que, em algum momento da história, fizeram toda a diferença mesmo que não recebessem o devido reconhecimento durante aquele período.

"Em Alguma Esquina" é a materialização disso.

Existe uma esquina específica no Lauzane, bairro onde morei durante vários anos (ainda moro) graças à proximidade com minha família paterna, onde passávamos horas a fio sentados na calçada todos os dias durante nossa adolescência. Era a famosa esquina da locadora, que já não abriga mais uma locadora e sim um açougue nos dias de hoje.

Quando voltei para a zona norte – após ter morado na zona leste e depois na casa dos pais de minha namorada –, sempre que passava por aquela esquina ficava me lembrando dos momentos vividos ali. Boa parte das vezes havia garotos sentados ali, da mesma forma que ficávamos há anos, e isso me fazia sentir que de certa forma ainda estávamos ali. Me via nos olhos, nos jeitos, nas risadas daqueles moleques e não sei exatamente porque, mas aquilo confortava minha alma. Assim nasceu essa música.

Eu só preciso de um bom lugar
Uns amigo que eu possa contar

> *Em alguma esquina eu vou tá*
> *Como um dia foi e será...*
>
> ———
>
> *Porque eu ainda sou o mesmo que andava de Havaianas com prego*
> *Fiz um juramento, disse que não me entrego*

Que assim seja

Tenho um ambigrama tatuado no braço, de um lado é possível ler Rashid e do outro Michel, meu nome real. Para uma pessoa que está de frente para mim, só é possível ler Rashid, o Michel está sempre virado para mim. O significado disso é: Rashid para quem me vê, mas para mim sempre Michel. É um símbolo do meu compromisso com a minha própria história.

> *Vi que os homens montam seus castelos de ego*
> *Mas crianças só sonham com castelos de Lego*
>
> ———
>
> *Uma volta no quarteirão era sem fronteira*
> *Já um adulto pode viajar mas tem a mente cheia de barreira*

Incrível como as crianças são livres em um quarteirão, um quintal ou até um quarto, porque seu mundo está sendo construído ainda e boa parte dessa construção parte da sua imaginação. Quando você cresce, passa a ter um "senso de realidade" que te mantém mentalmente preso, mesmo que você viaje o mundo ainda não se sentirá verdadeiramente livre. Novamente, insisto em tocar nesse ponto, de que a liberdade é algo que parte de dentro para fora.

> *Mais um rapaz comum, no estilo mais comum*
> *Olhe nos meus olhos e verá um...*

Mais uma referência aos Racionais MC's (*Rapaz Comum*, do disco *Sobrevivendo no Inferno*) em uma ligação com o fato de que da mesma forma que eu me via nos olhos daqueles garotos, também era possível vê-los nos meus.

Porque eu ainda sou o mesmo, mas não corri a esmo
O tempo passa e a carcaça rui, a cabeça evolui
Ow!
Nasce um homem cheio de valores, nem tudo são flores
Senhoras e senhores, bem-vindos ao show   2012

Sobre o milagre do amadurecimento e o descobrimento de que nem tudo é uma maravilha na vida adulta.

Cê perde chances e caminhos. Esse ou aquele…
O gol parece bem menor quando cê tá na frente dele!

Eu precisava falar sobre como a pressão influencia na sua tomada de decisões, a ponto de um objetivo (ou alvo) se tornar algo difícil de atingir.

No final, essa música é sobre crescer e esquecer ou não das suas raízes.

Várias ruas pra se passar
São vários caminhos pra se perder e apenas um pra se encontrar

Um só caminho… Frase que nasceu e se proliferou através das ideias do meu grande amigo Marechal, que influenciou muito minha carreira e vida (tanto a frase quanto o criador dela). Inclusive, durante uma época entre 2009 e 2011, existiu uma organização com esse nome, encabeçada pelo próprio Marechal, da qual eu fazia parte e dali nasceram ações muito especiais, como a Batalha do Conhecimento no SESC Pinheiros (2010), onde fiz um pocket show de lançamento do EP *Hora de Acordar* e até uma mini turnê pela Bahia, onde os outros artistas envolvidos nessa organização e eu fizemos shows em Feira de Santana, Vitória da Conquista e Salvador, num período de três dias.

Em Alguma Esquina

Confundindo sábios

2013

Quando eu comecei a produzir e juntar letras e instrumentais para essa *mixtape*, eu já tinha em mente que esse seria meu último passo antes do álbum oficial, logo, era hora de começar a fazer alguns experimentos e mostrar para o público os moldes que eu queria que minha música começasse a ganhar. Mesmo que ainda fosse uma *mixtape*, *Confundindo Sábios* tinha uma grande missão pela frente: demonstrar maturidade musical.

Por incrível que pareça, quando estávamos finalizando esse trabalho, eu estava novamente de mudança.

Daniela e eu queríamos abrir nosso escritório para ser a sede de nossa empresa, a Foco Na Missão, mas ainda não tínhamos condições financeiras para tal. Então, decidimos alugar uma casa maior, onde poderíamos morar e trabalhar com nossa equipe confortavelmente.

Mudamos então para uma casa bem maior que o antigo apartamento, com garagem e vários cômodos, que no começo se dividiam entre as coisas de casa, o estoque de nossa loja virtual e meu escritório particular.

A equipe vinha até o escritório/casa duas ou três vezes por semana no início para levar as compras aos correios e ajudar no planejamento do próximo trabalho. Foi assim que desenhamos a estratégia de lançamento desta nova *mixtape*, que posteriormente nos ajudaria a abrir o escritório que enfim se tornaria a sede da Foco Na Missão.

Para desenvolver o projeto, fui falar com os *beatmakers* que já haviam trabalhado comigo outras vezes, mas também fui atrás de pessoas novas, para trazer um novo fôlego para o meu trabalho. Nesse intuito, conheci o mineiro Coyote, os capixabas do Stereodubs e o grande Felipe Vassão, que já havia dirigido/produzido o primeiro álbum do Emicida. Foram grandes descobertas para mim, mas já eram talentos que estavam por aí fazendo barulho com vários artistas e em áreas diferentes.

O título da *mixtape* foi inspirado em uma passagem bíblica

que diz: "Mas Deus escolheu as coisas loucas deste mundo para confundir as sábias; e Deus escolheu as coisas fracas deste mundo para confundir as fortes." (1 *Coríntios, Capítulo* 1, *Versículo* 27). O Sentido do título é muito semelhante ao do versículo, de sermos ou termos ou praticarmos algo considerado louco ou fraco aos olhos do mundo e, exatamente por esse motivo, nossas conquistas os confundem.

> ...*Com as ferramentas que me entregaram*
> *Tudo o que eu podia fazer era*: *nada*!
> *Mas a força de vontade transformou veneno em combustível pra um*
> *sonho*
> *Ser a corda vocal de cada esquina, a tecla* SAP *do silêncio em cada beco*
> *Uma loucura pros que se julgam sábios*
> *É a nossa sabedoria de loucos....*

Assim diz a introdução da *mixtape*, em forma de poema.

Virando a Mesa

Em várias cidades do Brasil, nós temos a Virada Cultural, evento que acontece anualmente e traz várias atrações de grande e pequeno porte para se apresentarem de graça para o público. Em São Paulo, o dia da Virada Cultural é um episódio à parte, todo ano. O transporte público funciona durante a noite toda, as ruas do centro da cidade ficam interditadas para os carros e tomadas por pedestres de todo canto do país, artistas nacionais e internacionais de todos os estilos e ritmos se apresentam em palcos com boa estrutura espalhados pela região central, e nos últimos anos, tivemos palcos espalhados pelas periferias da cidade também. Obviamente, nem tudo é "bonitinho" assim. Já tivemos episódios tristes, arrastões, lixo pelas ruas e coisas do tipo às quais todas as grandes aglomerações de pessoas estão sujeitas. Mas culturalmente falando, realmente é um grande evento.

Por que estou falando da Virada Cultural?

Durante algumas edições do evento, o Rap acabou ficando de

fora desta lista de "artistas de todos os estilos" que citei. E era triste, na minha visão, ver o Rap brasileiro caminhando tão bem e não termos nenhum representante nesse evento tão grande.

Confundindo sábios

Alguns anos antes, havia ocorrido um terrível episódio num show dos Racionais MC's, na Praça da Sé (centro de São Paulo), durante a Virada Cultural. Episódio que gerou inúmeras discussões sobre como aquele evento foi organizado, como as pessoas foram concentradas ali naquele lugar, cercadas por policiais, o que acabou criando um clima tenso e inseguro para a hora do show. Ninguém sabe dizer com exatidão como a confusão começou; uns dizem que a pressão por parte dos policiais em cima do público foi o estopim, já outros afirmam que o próprio público iniciou o alvoroço. O fato é que essa foi a desculpa perfeita para que mantivessem o Rap longe desse evento por algum tempo.

Em casa, pensando e debatendo sobre isso com a Daniela, eu disse algo sobre precisarmos de uma virada de mesa cultural. Gostei tanto da frase que na hora postei nas redes sociais.

Um tempo depois, o Rodrigo Ogi me apresentou o Coyote num camarim de algum show. Na mesma noite ele me mostrou o *beat* que se tornaria o instrumental dessa música. Na mesma noite eu pedi o *beat*, no dia seguinte ele enviou. Eu gostei tanto do instrumental que tive medo de escrever nele e, durante meses, ele ficou no meu computador perdido, sem rumo. Até que nos aproximamos novamente da época da Virada Cultural e me lembrei da frase: "Precisamos de uma virada de mesa cultural".

"Achei o tema!", pensei.

Primeiro deram sonhos, depois deram miséria por maldade
Às margens da cidade, vide comunidade

Esse verso tem uma ligação com os comerciais de TV e aquilo que eles podem causar. Uma abordagem muito semelhante à música *Drama*.

Quero dizer que crescemos vendo produtos e soluções de vida maravilhosas, que nos são oferecidas, até que, num determinado momento, descobrimos que aquilo não foi feito para gente igual à gente. Ali, entendemos o que é a pobreza e o que ela pode causar na vida de uma pessoa, começando pela frustração.

> *Éramos como nuvens por aqui*
> *Hoje somos estrelas, que brilham mas tão prontas pra explodir*   2013

Quando meu trabalho começou a ter algum destaque, algumas visualizações e causar burburinho na *internet*, muita gente usou o famigerado termo "modinha" para rotular não só o que eu estava fazendo, mas também o que meus companheiros de geração faziam. Por isso digo que éramos como nuvens, porque na teoria, a qualquer momento, poderíamos ter passado, sumido. Mas cá estamos, firmes e fortes, como estrelas, não no sentido "celebridade" ao qual a palavra remete, mas no sentido de termos deixado uma marca, termos trazido brilho ao que fazemos e acreditamos.

> *O tambor aqui não gira, embala* flows
> *A mão pra cima no enquadro agora é a mão pra cima nos* shows

Primeiro, uma metáfora que brinca com o sentido da palavra tambor, numa referência ao tambor de um revólver e ao tambor que embala grande parte dos ritmos musicais negros.
    Segundo, a mesma brincadeira entre algo que nos traz tristeza e algo que nos traz felicidade. A terrível (e temível) posição de mãos para cima durante uma abordagem policial e a tradicional ação de colocar as mãos para cima durante um show de Rap. Duas coisas arraigadas à nossa cultura, infelizmente, já que só uma delas deveria ser uma prática comum entre nossa juventude.

Virando a Mesa

> *Me chame de mal educado*
> *Se o sistema educacional é primo daquele outro sistema, tá ligado?*

Acredito que a mensagem acima é bem clara, mas vale o destaque.

> *Vejo guerra como* PES *e* FIFA
> *E nossa mão de obra sorteada por merreca, tipo rifa*

Confundindo sábios

Nessas linhas acima, só quis expressar que muitas vezes a gente alimenta uma concorrência tão grande entre nós mesmos que ela acaba se tornando uma guerra pela audiência, como acontece com os famosos *games* de futebol PES e FIFA.

Tô compartilhando essa ação
Pelos que acreditam e pelos que não
Por esses eu só posso lamentar
Nós somos sua pior dor de cabeça e sua cartela de Dorflex não vai
ajudar

O Dorflex é um famoso remédio para dores de cabeça (isso não é uma propaganda!) causadas por diversas razões ou condições patológicas, no sentido literal, ao passo que o crescimento de nossa cultura, o sucesso de nossas ações e o empoderamento do nosso povo têm causado grandes dores de cabeça àqueles que são contrários ao nosso progresso, no sentido figurado e no literal também.

Eis que estamos virando a mesa.

Vale também ressaltar que, após algum tempo fora da Virada Cultural, o Rap voltou com força total e todo ano temos diversas atrações representando nosso movimento. Os próprios Racionais MC's já voltaram a se apresentar no evento, com um grande e icônico show que, inclusive, foi filmado e é possível encontrá-lo completo na *internet*.

Crônica da Maldita Saudade

A história por trás dessa faixa é bem curiosa e cheia de idas e voltas.

Primeiro o instrumental, que nasceu a partir de uma linha de piano que eu toquei e levei para o Léo Grijó e o LX (que formavam a dupla Stereodubs) acrescentarem outros elementos. O detalhe é que eu não toco nada de piano e até hoje eu não tenho certeza se aqueles acordes que fiz realmente existem, só sei que ninguém nunca me perguntou sobre quem havia tocado aquilo.

O Léo acrescentou baixo, cordas e outros elementos, e o LX acrescentou a percussão e bateria. A partir dali, entreguei para um outro amigo, o André Maini (da banda Strike), tocar a guitarra. Assim, nasceu o instrumental.

Me lembro que num evento de 1º de maio da zona sul de São Paulo, haveria um show do Emicida com o Di Melo (o imorrível!) e fui até lá acompanhar o evento. Ali, Emicida me apresentou ao Di Melo – que até então eu só conhecia por seu disco com a clássica "Kilariô", de 1975 – e, logo em seguida, me sugeriu que convidasse o Di Melo para alguma coisa no meu novo projeto. Concordei e disse que realmente seria uma parceria boa e inusitada.

2013

Quando esse instrumental feito a várias mãos ficou pronto, pensei que caberia uma fala ou citação do Di Melo para encerrar a música, seria perfeito. Então eu precisava encontrar o tema da canção para começar a escrevê-la e passar tudo mastigado para a possível participação do nosso querido "imorrível". Encontrei o tema que considerei perfeito no momento e escrevi. Algum tempo depois, durante uma visita à casa do Emicida, resolvi lhe mostrar a música na qual imaginava a parceria que ele havia sugerido. Ele ouviu atentamente cada rima e quando terminei minha performance, ele disse sem pestanejar: "Rashid, essa rima é boa, mas acho que esse tema você já usou, deveria escrever sobre outra coisa aí. Essa base é bonita, pede algo poético."

Ninguém entende 100% uma crítica construtiva no ato, então voltei para casa pensando naquilo. Passei os próximos dias inteiros pensando no que poderia falar naquela música, já que o tema me parecia tão eloquente e tão ligado com aquele instrumental.

Após aproximadamente umas duas semanas, me veio a ideia que eu precisava. Algo tão comum na minha vida, já que saí de casa cedo, e até então eu não havia tratado do assunto com a devida atenção: Saudade.

Mas eu falaria de uma forma diferente, bonita. Seria uma história sobre a saudade. Uma crônica sobre essa maldita saudade.

Ela vem sorrateira e castiga
Bem companheira, corrói e mastiga
Intriga e dói, dói na alma porque desliga
Você de algo que seu coração ainda abriga

É como a saudade chega, devagar, sem alarde. Chega como um sentimento ingênuo, uma pequena sensação que chega a ser boa de se sentir, até que se torna grande, tão grande que não cabe mais dentro da gente. É aí que ela começa a doer.

Confundindo sábios

Eu mesmo já protagonizei, tantos finais que sei, essas idas
E vindas me tornaram expert *em despedidas*
Espere
Por mais calejado que eu seja, ainda fere

Mais uma referência às minhas mudanças de casa, bairro, escola e a ter de se acostumar ao fato de que aqueles "melhores amigos" que fiz ali provavelmente nunca mais me encontrarão. E realmente não o fizeram.

Reles, mortal, zeles pelo que tem na mão
Minha vida é andar por aí igual Gonzagão

Citando a grande canção "A Vida do Viajante", de Luiz Gonzaga, que transmite algo muito próximo daquilo que eu tentei transmitir com a minha faixa.

Ela, aperta o peito, vela, põe no leito
Sela, um nó que num pode ser desfeito
Ela, causa efeito, gela, que despeito, trela
 Põe marmanjo pra fazer tudo do jeito dela
Viu? Onipresente
Vai com quem partiu e geralmente quem fica também sente

É algo capaz de se dividir só para ter o gostinho de estar ao lado de todos, daquele que parte e daquele que fica.

É bonito na teoria mas na prática é bem diferente

Inúmeras canções incríveis e belas foram inspiradas pela saudade, mas quando é você a pessoa a sentir saudade de algo ou alguém, o jogo muda.

Entende? Combustível só pra quem já viveu
Difícil escapar mesmo sendo tão previsível
Saudade, lá vem a fera que devora
Quem me dera, pudera eu matá-la agora 2013

Enquanto compunha essa canção, eu tentava imaginar como Caetano Veloso escreveria, como Chico Buarque falaria, Gil, Bethânia e outros tantos compositores brasileiros que têm o santo dom de tornar tudo bonito. Por isso algumas palavras não tão frequentes em minhas letras surgiram e eu achei isso incrível.

Após o fim do meu verso, finalmente chegou a vez de Di Melo soltar seu vozeirão grave e cheio de história para contar, para fechar a crônica com chave de ouro:

Olha essa saudade
Que devora, e que deflora o meu coração
Dói, maltrata, desarvora
É sem compaixão
Estremece que machuca
Causa mesmo uma devastação
Traz revolta e as vezes tédio
Também muita mortificação
Acarreta sofrimento
Deixa um mar de solidão
Quanta "devagostenia"
Que tormenta, que desolação
Maldita saudade!

Crônica da Maldita Saudade

Ah, lembra da letra que eu escrevi e acabou sendo dispensada para dar lugar a essa? Pois então, eu realmente gostei bastante daquelas rimas e elas acabaram virando outra música desta mesma *mixtape*, que mais tarde foi batizada de *Libertai*.

Coisas Dessa Vida

Mais uma daquelas canções pessoais. Nesse caso, muito pessoal.

Confundindo sábios

A primeira parte dessa música fala basicamente das coisas que minha mãe enfrentava durante minha infância e adolescência para garantir nosso sustento de forma digna. Lembrando que ela e meu pai são divorciados desde que eu era muito novo (vide *Por Quanto Tempo*) e o relacionamento dela com o pai do meu irmão do meio também não seguiu adiante. Ela foi pai e mãe ao mesmo tempo, de dois filhos homens e posteriormente de uma menina. Logo, não faltam lembranças de luta daquela época, como o período em que fomos trabalhar na plantação de café ou quando ela passou a exercer a função de diarista, limpando a casa dos outros para poder nos manter bem.

A segunda parte trata das coisas da vida que eu atravessei após sair da casa de minha mãe para correr atrás do sonho de cantar Rap.

As histórias dessa música são bem mais bonitas aí onde estão, na canção, afinal o sofrimento só é poético quando visto da perspectiva de quem o superou. Esse nome, *Coisas Dessa Vida*, vem para deixar claro que não só o Rashid possui essas histórias, elas são fatos comuns que, de certa forma, nos ligam pela identificação. Coisas da vida de qualquer um, o que muda é a forma como esse(a) qualquer um(a) encara e se sobressai perante essas circunstâncias.

Lembro de ser nós no famoso barracão, via
Toda a sua luta pelo o pão do dia

Barracão, no caso, é uma gíria mineira para determinado tipo de construção, geralmente uma casa pequena com os cômodos enfileirados, como um corredor com divisórias. Vivíamos num barracão.

E eu lá, sem a mínima noção
Gastando o meu tempo em frente da televisão

Havia uma regra em casa, não era permitido ligar a televisão durante o dia, para economizar energia. Porém, tente aplicar essa regra numa casa onde o adulto trabalha o dia todo e o adolescente fica responsável pelo lar. Isso mesmo, não funcionava.

A primeira coisa que eu fazia ao chegar da escola era ligar a bendita televisão para assistir aos últimos desenhos remanescentes da programação matinal e após o almoço, aguardava ansiosamente pelo *Cinema em Casa* ou *Sessão da Tarde* (quadros que exibiam filmes durante a tarde no SBT e Globo, respectivamente). Eu ficava encarregado da arrumação da casa, responsabilidade que só abraçava ao fim da tarde, próximo do horário de minha mãe chegar. Vez ou outra, ela chegava de surpresa, e aí era inevitável, o coro comia.

2013

> *É clichê, mas eu fiz por você essa canção*
> *Se bem que todas as outras também são!*

Se você realmente leu este livro até aqui e acompanha meu trabalho, sabe que em diversas canções eu faço referência à minha família, principalmente à minha mãe, por tudo que ela representa na minha vida. E, obviamente, não só as citações nas rimas, como a luta, também é por ela.

> *São voltas que os mundos dão*
> *São voltas que…*
> *Quando eu me joguei, onde andei, tropecei, aprendi*
> *Que são coisas dessa vida!*

Energia é uma coisa difícil de explicar, o fato é que a música está cheia dela.

Quem escreveu e cantou essas linhas acima foi o Rael, grande talento e referência para o meu trabalho. Ele compôs esse refrão após escutar a minha voz guia e é impressionante como o que ele diz tem a ver não só com a minha letra, mas com a minha história. Incrível como esse refrão ajudou a dar vida à esta música.

Coisas Dessa Vida

> *E com dezessete eu saí de casa*
> *Filho quando cresce diz que ganha asa*
> *Pai e Dona Nete, Maria Carolina*
> *Bota ele na linha, cobra disciplina*

Confundindo sábios

Aos 17 anos, eu terminei os estudos em Minas Gerais. Numa noite, me formei, peguei meu diploma e, na manhã seguinte, já estava dentro do carro, na estrada, vindo embora para São Paulo. Meu pai havia ido me buscar.

Dona Nete é minha avó paterna, que ajudou a me criar e me recebeu em sua casa quando voltei para São Paulo. Até hoje o meu apego com ela é enorme, já moramos juntos em diversas situações da vida, mesmo quando me casei, e nossa relação entre neto e vó continua incrível. Fora o fato de ela fazer questão de ir aos meus shows, eu amo isso!

Maria Carolina era minha bisavó, mãe da Vó Nete. Chamávamos ela de Vó Lili.

Um dia a Vó Lili me disse: "Eu não sei se você vai conseguir fazer sucesso, sua voz é muito feia!". Rio muito sempre que lembro desse dia.

Mas mesmo dizendo isso, ela foi uma das pessoas que mais me apoiou na busca do meu sonho. Vivia me dando dinheiro de condução para que eu pudesse ir para as batalhas de *freestyle* e me dizendo que se eu tinha vontade de fazer, devia mesmo correr atrás, que poderia dar certo.

Um dia, quando cheguei de uma das batalhas, pela manhã, ajudei a colocar a Vó Lili no banho – ela havia quebrado a bacia numa queda e já não andava mais, minha outra vó precisava de ajuda para colocá-la na cadeira de banho – e fui me deitar enquanto aguardava o chamado para retirá-la do banheiro. Quando o chamado veio, percebi uma certa fraqueza na voz da Vó Nete. Meu tio estava conosco aquele dia. Quando entramos no banheiro, os dois juntos e com pressa, minha bisavó estava abaixando a cabeça lentamente.

Faleceu ali na nossa frente.

Eu não quis ir ao enterro.

Naquele dia, eu tomei uma decisão: dali em diante minha carreira daria certo, houvesse o que houvesse, e a partir dali eu passei a usar o nome Rashid, que significa "justo" ou "de fé verdadeira" (até então eu usava o nome Moska).

E com dezenove eu fui morar sozinho
Agora a resposta é sua, garotinho!

Passados alguns meses do falecimento de minha bisavó, eis que curiosamente meu tio e minha Vó Nete (com quem eu morava) decidiram se mudar para Minas Gerais (falei sobre no capítulo *Quando Eu Morrer*).

2013

Não tinha dinheiro, nem emprego e, no auge de seus esforços, minha vó e meu tio deixaram algumas coisas para mim antes de se mudarem, incluindo uma bicicleta – caso não houvesse dinheiro para locomoção – e uma cômoda para guardar minhas roupas.

Foi aí que voltei a morar em Artur Alvim, bairro onde a parte materna da minha família vive até hoje. Não havia fogão, nem geladeira, mas havia mais uma dessas pessoas especiais que ajudaram a me criar, a Tia Nice.

Pedia uma carona no busão, às vez
Minha tia arrumava o da condução, às vez

Por um bom tempo, minha tia e meus primos me ajudaram bastante. Foi na casa deles que almocei e jantei quase todos os dias durante quase dois anos, e sou muito grato a todos eles.

Peguei minha bicicleta e parti
Fui de Artur Alvim ao Mandaqui
Dormi no frio de uma calçada de SP
Mas quem não tem nada, vai ter medo de que?

Coisas
Dessa
Vida

Durante minha estadia em Artur Alvim, não foram poucas as vezes em que peguei minha bicicleta e atravessei a cidade até a zona norte para me encontrar com meu pessoal da Na Humilde Crew (Emicida, Projota, Djose, DJ Zala, Marcelo Lima, DJ Nyack, etc). Pedalava por quase três horas, passando pela Radial Leste, Marginal Tietê e outras vias de grande movimento.

Confun-
dindo
sábios

Num dia, numa de nossas reuniões, extrapolamos o horário e achando que estava tarde para voltar para casa, resolvi ficar pela zona norte mesmo. Fui então direto para a casa do meu pai, no Lauzane Paulista, bairro onde nasci e que fica próximo ao Mandaqui. Chegando lá, por volta da meia noite, chamei algumas vezes do portão e naquele dia ninguém me ouviu. Essa foi uma das vezes em que passei a noite na rua. Dormi ali mesmo, na calçada, com a cabeça escorada nos joelhos e a bicicleta do lado.

Aí que eu acordei pra perceber
Que quem nunca apanhou dessa vida também não sabe se defender

Confundindo Sábios (a música)

Essa faixa tem a participação do Emicida e logo que começamos a conversar sobre a música, o instrumental ainda era outro e não tínhamos ideia de qual caminho seguir até que o Coyote nos enviou um instrumental que acabou com todas as dúvidas.

Tinha que ser esse! Pelo peso e pela característica do *beat*, fizemos nossa escolha e isso nos ajudou a encontrar o rumo do som. Um clima totalmente anos 90, pesado, pedia um verso pesado e que remetesse o ouvinte à época de ouro do Rap. Resolvemos que faríamos os versos intercalados, um atropelando o outro, e para que nada soasse forçado, ninguém iria escolher o que cantaria, não haveria ensaio.

Semanas depois, durante a gravação da faixa no estúdio do DJ Caique, que gravava a maior parte do meu material musical, ele apenas apertava o REC e o Emicida e eu simplesmente íamos cantando, gravando as duas vozes ao mesmo tempo, era apenas sintonia.

Compomos cada palavra da música juntos, um interferindo nas ideias do outro, e a letra tomou um corpo de cunho político, cheia de referências históricas e metáforas ásperas.

Acredito que seja uma das minhas músicas mais pesadas e complexas.

Pele preta, tarja preta, na sarjeta da história
Beretas à mão, sem brasão, sem memória
Sem milhão, só pórão, só grilhão, óh, escória
Favelas hard core *e nas telas* Val Marchiori

2013

A ideia aqui é trazer uma reflexão sobre quanto peso histórico existe sobre o povo e a cultura negra, o povo pobre e tudo que surge da periferia. Quanta luta e luto, ao passo que essa mesma história é mantida embaixo dos panos como se fosse algo natural enquanto, nas telas dos lares brasileiros, era possível acompanhar passo a passo o dia a dia de socialites como Val Marchiori, num reality show chamado *Mulheres Ricas* (exibido na época, 2013), como se o padrão de vida e/ou estético daquelas mulheres ricas tivesse algo em comum com o da maioria dos brasileiros.

Olhe esse jornais, há dois mil anos atrás
Gritaram: solta Barrabás!
Tornaram crime, nosso Deus, nosso Jazz
De notas livres, e cê sabe o que isso faz

Barrabás é um personagem bíblico.

No julgamento de Jesus por Pôncio Pilatos, em determinado momento, ao se sentir pressionado pela multidão que assistia e ansiava pela condenação de Jesus, Pilatos então trouxe Barrabás, um salteador e assassino condenado, à frente do público e colocou nas mãos do povo a decisão de quem seria liberto, Jesus Cristo ou Barrabás. O povo pediu então pela liberdade de Barrabás, o que culminou na crucificação de Jesus.

Nessa analogia, é como se a mesma imprensa que se diz politicamente imparcial em nosso país hoje em dia estivesse ali no meio daquele povo clamando pela condenação de um dos nossos.

Embora o nome de Barrabás seja citado, não se trata dele o conteúdo do verso.

A segunda parte do verso faz referência ao *Jazz*, que é um estilo musical totalmente negro, nascido em Nova Orleans (EUA) no início do século XX.

Confundindo sábios

Durante o regime nazista na Alemanha, o *Jazz* chegou a ser proibido, já que Hitler considerava os negros como inferiores e era contra o modernismo. Na União Soviética de Stalin, o *Jazz* também foi perseguido durante os anos 30 e 40, e até mesmo no Brasil houve represálias ao estilo.

Foi repressão sobre repressão, sobra a depressão
Sobe a inflação, cabe ao são inflamar a nação
Informar a ação que monetiza a fé
Porongos foi Canudos, foi Carandiru, foi Racionais na Sé

Mais referências históricas.

Durante a *Revolução Farroupilha* ocorreu o *Massacre de Porongos*, em que cerca de oitocentos lanceiros negros foram traídos e entregues aos seus inimigos pelo seu general, David Canabarro. Quase todos foram mortos pelas forças de Francisco Pedro de Abreu sob a alegação de que os lanceiros negros poderiam formar bandos após a guerra.

A *Guerra de Canudos*, o *Massacre do Carandiru* e até mesmo o incidente ocorrido no show dos Racionais MC's na Praça de Sé (São Paulo) em 2007, quando olhados de perto parecem ter o mesmo teor, a mesma causa. O medo do "império" em relação ao poder do povo.

Relaxa, o discurso acha rumo nas caixa
É Gaza a faixa onde balas não são de borracha
Vidas em baixa, avenidas em marcha, é
Tua causa encaixa, mas não vê mortos da maré

Na época em que escrevíamos essa letra, ocorreu um confronto entre policiais e traficantes no Complexo da Maré (RJ), onde várias pessoas acabaram morrendo, incluindo inocentes moradores da comunidade.

O cântico estrala, a luta de João Cândido exala
Liberdade, ao contrário no que o povo inala

João Cândido, também conhecido como o "Almirante Negro", foi o líder da *Revolta da Chibata*, motim de militares da marinha brasileira pelo fim das "chibatadas" como castigo e exigência de melhores condições de trabalho, em 1910, na Baía de Guanabara, Rio de Janeiro. 2013

> *Tua rota mata, a nossa salva, sem cela*
> *De um mundo que semeia Beira-Mar pra colher Dráuzio Varela*

A rota "deles", no caso, se refere à ROTA (Rondas Ostensivas Tobias de Aguiar), uma força tática da Polícia Militar de São Paulo, e a forma como se relacionam com o jovem negro de periferia. Aqui ainda aproveitamos para enfatizar que a cultura Hip-Hop, ainda marginalizada hoje em dia, se oferece como uma rota que tem salvo vidas desde seu surgimento nos guetos de Nova York.

A última linha da música tenta desenhar na cabeça do ouvinte, com referências conhecidas, que vivemos num mundo onde se tem plantado ignorância, violência, intolerância, miséria, etc. E se tem cruzado os dedos para que as próximas gerações de pessoas sejam melhores do que as anteriores. É como jogar lixo num vaso de plantas e esperar que elas floresçam para melhorar o ambiente.

> *Então segura que isso é Rap nacional*
> *Sai da frente que isso é Rap nacional!*

Mil Cairão

Fui criado em berço cristão e acredito que boa parte do meu público saiba disso. Boa parte da minha família é da igreja e eu cresci com esses ensinamentos à minha volta. Acredito que me fizeram bem, já que estou aqui hoje discorrendo sobre letras de músicas, onde expresso ideias, às quais me apego e creio, e se você está lendo isto, essas letras e ideias te impactaram de alguma forma.

Mil Cairão nasceu quando senti a necessidade de fazer uma música que expressasse a minha fé, mas sem ir parar dentro do nicho Gospel. Queria apenas uma música sincera e nada mais sincero do que uma oração, uma conversa de filho para Pai.

Mais uma vez, o instrumental ficou por conta do DJ Caique, e ambos nos espantamos com a reação do público quando a música foi lançada em 2012, alguns meses depois da *mixtape Que Assim Seja* ter ganhado as ruas. Era a hora certa.

Sempre digo que um MC deve ter a sensibilidade para entender quando uma música pede uma letra complexa, com técnicas de rimas super apuradas, jogos de palavras etc, e quando a música pede uma letra simples e direta. Esse foi o caso. Você não vai encontrar minhas melhores frases de efeito neste som, nem meu melhor *flow*, mas a sinceridade da faixa mexeu com o público e *Mil Cairão* logo se tornou uma das principais músicas de minha carreira, se tornando um dos pontos altos do meu show mesmo sendo uma faixa melancólica.

> *Senhor Deus, essa noite eu não queria pedir nada*
> *Porque eu já pedi tanto e tanta coisa me foi dada*
> *Saúde pra correr e proteção pelas calçada*
> *Fui invisível pra cada alma mal-intencionada*
>
> ——
>
> *Esse silêncio me tira do trilho*
> *E ninguém melhor que o Pai pra escutar o desabafo do filho*

A primeira parte, sobre a proteção na qual creio e confio. A segunda, sobre a questão da conversa. Assim como a música *Que Assim Seja*, essa aqui também é uma oração, porém esta se encaixa na vida de qualquer um e não só na de um mensageiro.

> *Como uma cobra anda?*
> *Se rastejando, o mundo me quer assim, aqui cada cachorro que se*
> *lamba*
> *Caramba, fica difícil desse jeito*
> *Olho tanto pra fora e não enxergo meu próprio defeito*

Acredito que a fé está acima da religião e acredito que em todos os tipos de fé, você precisa de um caminho para olhar para dentro de si e encontrar seus defeitos para tentar se livrar do que for possível e aí, então, se tornar uma pessoa melhor partindo de dentro para fora. Meditação, oração, rezas, mantras, etc. Os caminhos são diferentes, mas na maioria das vezes o objetivo é o mesmo, se aproximar, mesmo que minimamente, de uma força suprema que rege a vida.

2013

> *Um pecador só, carrega dor só*
> *Humano, também chamado de sonhador só...*
> *Que a colheita vem depois*
> *Ando um passo por acerto e a cada erro parece que eu volto dois*

Esse trecho é sobre a impressão que tenho de que os acertos não são tão reconhecidos quanto os erros. Na vida, na carreira, no trabalho, no relacionamento, onde quer que seja, os erros sempre receberão mais atenção que os acertos, acho que é parte da natureza humana. Porém, mesmo que lentamente, os acertos te levam em frente, passo a passo, ao contrário dos erros, que te fazem regredir a todo vapor.

> *Eu não sou melhor do que ninguém, não*
> *Eu não mereço mais do que ninguém, não*
> *Só tô mantendo os meus passos no chão*
> *Tudo o que eu peço nessa noite é perdão*
> *Porque mil... cairão, mil... cairão, mil...*
> *Mas eu não serei atingido!*
> ———
> *Teve aquela vez que eu quase morri afogado*
> *E o senhor me puxou quando eu já tinha me entregado*

Mil Cairão

Certa vez, quando eu tinha uns 10 ou 11 anos, fui à praia com um casal de amigos da minha mãe e o sobrinho deles. Como eram muito próximos dela, ela não hesitou em confiar neles quando me convidaram para a viagem.

Já em São Vicente (litoral de São Paulo), em meio às brincadei-

*Confun-
dindo
sábios*

ras no mar, acabei sendo arrastado pela correnteza quando fui encoberto por duas ondas que quebraram juntas sobre mim. Quando tentei ficar em pé, senti que não conseguia alcançar o chão. Me desesperei e senti que estava indo cada vez mais para o fundo, enquanto outras tantas ondas quebravam na superfície. Tentei por vários momentos alcançar o chão e colocar o rosto para fora da água para respirar, mas nada adiantava. Tentei nadar mesmo sem saber, me debatia, girava de um lado para o outro e nem sequer tocava o chão. Em determinado momento eu desisti, achei que não conseguiria mais voltar e senti uma porção de ondas me empurrando prum lado enquanto a correnteza puxava pro outro. Foi então que me estiquei de novo e senti uma pancada na cabeça. Era o chão e eu já estava quase na margem novamente. Me levantei e vi que a água estava na altura do meu peito, então andei até a areia e dei de cara com o marido da amiga da minha mãe procurando por mim, estávamos a uns 500 metros de onde estavam as cadeiras de praia deles.

> *Eu merecia um puxão de orelha, fui babaca*
> *Quando roubei anéis e uma corrente na barraca*

Quando tinha 15 anos, meus amigos e eu costumávamos ir às festas da cidade em Ijaci (MG) apenas pela facilidade de pegar coisas nas barracas dos ambulantes sem sermos vistos. Anéis e correntes eram nossos itens prediletos, pois podiam ser exibidos como troféus no dia seguinte.

> *Só pra mostrar pros meus amigo*
> *Moleque exibido, não tinha noção nenhuma do perigo*
>
> ---
>
> *Ou daquela outra vez em que eu quase fui roubado*
> *E ao invés disso o que eu ganhei foi companhia até o mercado*
> *Entendi o recado*
> *Não sei o que eu fiz demais pra ser tão bem cuidado*
> *Se já tive todo errado*

Voltando um pouco mais no tempo, quando eu tinha apenas 11 anos, antes da minha mudança para Minas Gerais.

Morávamos em Artur Alvim (zona leste de SP) e eu estudava na parte da tarde. Chegava em casa por volta das 19h20. Um dia, assim que cheguei da escola, minha mãe me pediu que fosse ao mercado comprar macarrão para o jantar. Me deu uma nota de 5R$.

2013

Desci a rua tranquilamente e antes de dobrar a esquina, percebi que havia uns oito moleques descendo atrás de mim, uns da minha idade e outros mais novos. Quando se aproximaram, começaram a tentar me bater e pegar o dinheiro da minha mão. Falavam que tinham uma faca e um deles gritava: "Fura ele! Fura ele!".

Claro que eles não tinham essa faca, se não teriam mostrado no primeiro instante. Mas na hora eu também não pensei nisso, só comecei a falar que se eu chegasse sem o macarrão em casa minha mãe ia me matar (olha onde estava minha mente).

Comecei a falar onde eu morava, de onde minha família era, de quem eu conhecia, e a "marra" dos moleques foi baixando, a ponto de resolverem me acompanhar até o mercado. Quando entrei no estabelecimento, eles passaram direto e eu pude comprar meu macarrão.

Obviamente eu fiquei assustado, só tinha 11 anos, mas foi assim que me livrei daquela treta, através das palavras.

Talvez por isso tenha escolhido me tornar MC.

Me ofereceram crime, só que eu recusei
Me ofereceram farinha, só que eu recusei

Mil
Cairão

Sobre as tentações e enrascadas que cercam a vida de um adolescente na periferia.

Sim, quando digo "farinha", quero dizer que me ofereceram cocaína.

Tem quem não acredite em Ti, enfim
Eu acredito por saber que o Senhor também acredita em mim

Eu acredito que as pessoas estão vivas por uma razão, estão nessa terra por um motivo. Várias delas descobrem essa razão, mas a grande maioria não, infelizmente.

Pela forma que minha vida se desenrolou, entendi que minha missão era essa, a música, a escrita, o palco, o papo reto. Fiz tudo para que meu caminho me trouxesse até onde estou e continue me levando muito mais longe, para poder propagar a arte da qual faço parte e as ideias que mudaram a minha vida, a de muitos dos meus ouvintes e que, creio eu, ainda poderão mudar muitas outras.

Por isso digo neste último verso que acredito em Deus porque Ele também acredita em mim. Acreditou em mim o suficiente para me trazer até aqui, me entregar um dom e uma alternativa de vida totalmente diferente, que apresentava vários riscos, mas que se eu seguisse à risca Suas instruções, seria um divisor de águas na minha vida e na de muita, mas muita gente ao meu redor.

Por essa razão também, meu trabalho está repleto de figuras de fé. É minha forma de agradecer.

Diário de bordo

2010, 11, 12, 14 e 15

Diário de Bordo é o nome que encontrei para uma sequência de músicas que compus e lancei entre 2010 e 2015 (com exceção do ano de 2013).

A ideia era criar algo como capítulos de um livro, em que eu pudesse retratar acontecimentos daquele determinado período, com músicas que não seguissem nenhum formato comercial, que também não seriam singles de nenhum trabalho e que servissem mais como um exercício lírico. Ah, e que fossem lançadas anualmente enquanto eu sentisse a necessidade.

As faixas não têm refrão (algumas têm uma espécie de ponte, como as partes 2 e 3) e não têm preocupação alguma com tempo de duração, a única constante é que todas foram parcerias entre o DJ Caique e eu. Ele me enviava *beat*s com um forte apelo emocional e baterias pesadas e eu tinha que me virar com as palavras em cima desses *beat*s.

Acredito que para boa parte dos meus fãs, especialmente para aqueles que gostam mais da parte "pesada e obscura" do Rashid, a sequência *Diário de Bordo* marca a minha evolução como MC/compositor e figura entre meus melhores trabalhos. Eu concordo e assumo também que as minhas prediletas são as partes 4 e 5.

Vou tratar a sequência de "diários" aqui como se fossem uma só música, já que os temas centrais são bem próximos e o clima dos sons também. Mas vou manter uma ordem cronológica, começando pelas mais velhas para terminar com a mais recente.

> *24 horas por dia*
> *Atrás das linhas inimigas, território de quem me repudia*
> *Eu tinha que ter fé*
> *Porque ao contrário dos filmes, aqui eles dão mais do*
> *Que tiro no p... p... p... p... pé!*

A repetição da letra P, como se eu estivesse gaguejando antes de completar a palavra pé, é para soar como disparos de um fuzil, fazendo uma ligação com a palavra tiro, da mesma linha.

Também é uma analogia com a famosa cena do filme *Cidade de Deus*.

A gente fala, a gente anda, a gente escuta, a gente
Manda, a gente luta, a gente sangra
A gente sente medo quando...
A gente erra, a gente ganha, a gente ferra, a gente
Apanha, a gente enterra, a gente estranha
Nossa própria gente quando...
A gente entra, a gente sai, a gente tenta, a gente
Vai, a gente enfrenta, a gente cai
Por que a gente é só gente que não aprende
A gente lota o que não rende
A gente só tá pela gente, a gente vota e logo se
Arrepende!

Só uma brincadeira sobre a fragilidade do "a gente", na primeira das faixas da sequência.

A violência é tão sem freio quanto o seu Flamengo
Hiroshima, Nagasaki, Realengo
Guantânamo, Iraque
Geração sem atletas, os únicos faixa preta são Gardenal e Prozac

Quando falo em geração sem atletas não me refiro a não termos nenhum esportista ou coisa do tipo, me refiro ao sedentarismo que é um dos males do novo século e sua ligação com as questões psicológicas que a falta de exercícios pode causar, como depressão, ansiedade, etc. É aí que entram em cena os nossos "faixas preta", no caso, remédios tarja preta que servem como tratamento para essas mesmas questões.

As grades dos nossos portões
Não são tão diferentes das prisões

Apenas proporcionam diferentes sensações
Entre a falsa liberdade e a falta de liberdade
Falando nela, quem a conhece de verdade?

Novamente levanto um questionamento sobre a liberdade, sobre o quanto ela é "relativa", pois pode ser detectada ou não, dependendo da perspectiva.

O quanto nossos portões com correntes e cadeados também não nos aprisionam na nossa sensação de segurança ou falta dela?

Mais do que trazer questões óbvias ou já com respostas embutidas em minhas músicas, gosto de provocar a dúvida no ouvinte, cativar o pensamento e se possível levantar o debate.

Nesse mar de gente quantos truta já viraram isca?
A grande maldição de quem se arrisca
Às vezes se abre a porta pro futuro
Mas cê tá tão acostumado com ela fechada que tá tentando pular o
muro

Mar, truta, isca. Para um pescador ou um espectador assíduo do Discovery Channel não é necessário explicar essa analogia, mas no caso, "truta" é uma gíria para parceiro, mano, por aí vai.

A segunda parte do verso toca numa ferida mais profunda. Porque crescemos sob condições adversas e muitas das vezes isso nos deixa duros, tão duros que, vez ou outra, não enxergamos determinadas portas que se abrem à nossa frente. Eu já passei por isso. A ferida é mais profunda, pois não se trata de falta de visão, se trata de uma condição de vida opressora que muda a forma como enxergamos (ou não) as coisas.

Eu mesmo vou me achar nesse caminho de pedras
Pelos meus, por noiz, pela voz das quebras
Que é pra manter a verdade de pé
Porque você não tenta ser real, você simplesmente é…
Ou não, né?!

> *Fazendo contas simples, pouca gente entendeu*
> *Eu cantei noiz + noiz, num mundo de eu + eu*

Diário de bordo

Nesse verso eu ponho em xeque o entendimento das pessoas em relação a um outro verso antigo, de uma músicas chamada *Quero Ver Segurar*:

> *A escola ensina 1 + 1 é 2 e tá bonito*
> *A rua ensina noiz + noiz é igual a infinito*

Eu queria dizer que juntos a gente pode criar qualquer coisa, mas era realmente preciso juntar as mentes. Não fui o primeiro a dizer isso e muito menos serei o último, mas até então creio que muita gente não entendeu a real força por trás disso. Para alguns é só uma frase clichê, então continua cada qual no seu mundo de "eu + eu".

> *Mano, fiz disso meu* approach
> *Meu caderno traz vida ao contrário do* Death Note
> *É o novo Clube da Esquina, sob a luz alva*
> *Função: salvar as vidas que o* SUS *não salva*

Death Note é um famoso anime japonês, onde um jovem encontra o caderno de um Shinigami (espécie de deus da morte) e descobre que para matar alguém basta anotar seu nome ali naquelas páginas, tendo em mente o rosto da pessoa, para que não morra ninguém que tenha o mesmo nome. O caderno se chama caderno da morte, ou em inglês, *death note*.

Minha música é justamente o contrário disso, quero que ela traga vida para as pessoas.

> *Sou seu incômodo, que num blefa, só truca*
> *Já fui mosca na sopa, hoje sou cano na nuca*

Essa é uma metáfora de duplo sentido, já que antes de me tornar o Rashid, meu nome de MC era Moska. Nessa época e antes disso, eu era mais um adolescente com todas as chances de seguir qualquer caminho errado em minha vida, mas hoje represento a figura de alguém que, além de ser bem sucedido no que faz, também pode despertar esse mesmo tino em milhões de outros jovens, por isso sou uma ameaça, o "cano na nuca".

2010/11/12/14/15

Raiz é cordel e Patativa do Assaré
Protegido na guarda do homem de Nazaré
Na fé, sem a mínima confiança nos home
Desses que mata nossos adolescente e some

Certa vez, há uns dez anos, estava na casa do Emicida enquanto compúnhamos uma de nossas primeiras parcerias (*Um Por Dia*) e por acaso vi em um canto um livro com poemas e composições de Patativa do Assaré. Comecei a folhear o livro e fiquei chocado em como aquilo era incrível e eu não conhecia até então. Como poderia não conhecer algo tão bom? Fiquei impressionado com poucas páginas que li ali, fui atrás de mais e aquilo mudou minha forma de enxergar minha poesia para sempre.

Na outra parte do verso, me refiro mais uma vez à relação conturbada entre a juventude negra periférica e a polícia militar, falando especificamente do caso do jovem Douglas Rodrigues (17 anos), assassinado por um PM na zona norte de São Paulo em 2013, sem acusações e sem chance de defesa.

Antes de morrer, segundo seu irmão que testemunhou a cena, Douglas perguntou ao policial: "Por que o senhor atirou em mim?".

Essa frase se tornou tema para um movimento contra a violência policial na época e virou o bordão central de uma manifestação que ocorreu poucos dias após a morte do jovem Douglas, da qual participei junto com alguns amigos.

Dada a partida, Diário 5, DJ Caique
No beat que azeda o seu Nesquik

Verso da última faixa da sequência de diários, que mais uma vez frisa a parceria com o produtor DJ Caique.

> *Sou freak, às vezes*
> *Melhor que ser normal onde uma mãe dá cocaína prum bebê de*
> *dois meses*

Diário de bordo Quando vi essa notícia realmente fiquei impressionado. Como poderia uma mãe com um bebê de apenas dois meses de idade colocar cocaína na boca da criança? Como poderia eu ficar quieto observando a frieza das pessoas perante uma notícia assim?

A criança infelizmente faleceu e infelizmente eu coloquei isso na minha música. Digo infelizmente porque prefiro trazer à tona coisas boas em minhas letras, mas nem sempre é possível falar só das coisas boas. Mas eu deixei claro esse descontentamento na sequência:

> *Pra vocês é besteira, isola!*
> *Cês fica brabo memo é com a alta do dólar*
> —
> *Por isso eu vim pra acender a chama*
> *E libertar, mesmo sem ter diploma tipo Luís Gama*

É necessário falar sobre Luís Gama, que é mais um dos personagens negros importantes pra nossa história que ficam perdidos em meio aos livros que tornam nossos ancestrais invisíveis.

Luís Gama foi jornalista e escritor, mas eu o cito nessa rima devido ao seu trabalho como rábula.

Rábula é o título dado à pessoa que mesmo não tendo diploma recebe autorização do Poder Judiciário para advogar. Luís Gama começou conquistando a própria liberdade na justiça, já que era filho de mãe negra livre e pai branco, mas aos 10 anos foi feito escravo. Aos 17 anos, conquistou a própria liberdade judicialmente e antes dos 30 já era considerado o maior abolicionista brasileiro, fazendo jus à sua ambição como advogado, que era libertar os escravizados.

> *Me lembro em 2006, eu, Tiago e Artigo*
> *Já vai fazer dez anos, faça as conta comigo*
> *Muita gana e pouca grana, primeira vez na Olido*
> *Uma pá de gente igual eu, ali achei meu abrigo*

Como eu já disse, mudei para Minas Gerais aos 13 anos e aos 17 eu estava de volta a São Paulo. Isso foi no final de 2005. Quando o ano de 2006 começou, eu tinha a missão de fazer o sonho de cantar Rap se tornar uma realidade ou pelo menos dar sinais de que poderia ser real algum dia. E um dos primeiros lugares que fui para aprender mais sobre a cena e tentar mostrar meu talento nessa minha volta foi a Galeria Olido.

Localizada no centro da capital paulista, ao lado da famosa Galeria do Rock, a Olido recebia muitos eventos e um deles foi a Central Acústica, apresentada pelo Kamau.

Quando entrei naquele lugar pela primeira vez, além de estar assistindo um ídolo, eu me senti totalmente à vontade em meio àquelas pessoas que se reuniam ali toda quinta-feira à noite para ouvir, cantar e celebrar o Rap. Me senti em casa. Me senti representado por cada um ali e mais do que isso, aos poucos, senti que poderia representá-los também.

Na época, o Projota, Artigo e eu tínhamos um grupo chamado Strondu, e toda quinta estávamos presentes ali na Galeria Olido para aprender mais sobre o que já éramos, mas ainda não sabíamos.

E o Rap discute se eu sou modinha ou raiz
E até meus sons de amor protestam mais do que vários MCs!

Bom, provavelmente você deve saber que o termo "modinha" se refere a pessoas que começaram a fazer algo por influência de outras pessoas e costumam parar logo e partir para outra moda.

Em 2015, quando essa música foi lançada, minha volta a São Paulo para correr atrás do sonho de cantar Rap já estava prestes a completar dez anos. Até o lançamento deste livro, provavelmente já estamos nos aproximando do meu 12º ano "correndo" atrás e vivendo este/deste sonho. Presumo que uma moda não dure tanto tempo assim, mas a questão aqui é outra.

Ao contrário do que alguns jornalistas tendem a frisar, a nova geração do Rap brasileiro não abandonou os temas "de combate". Letras de cunho social, racial e político (e hoje em dia, até a luta contra machismo e homofobia) ainda estão muito presentes nos

Diário de bordo

trabalhos dos novos artistas. Eu, particularmente, gosto de trazer à tona certas questões até mesmo nas minhas músicas românticas.

Eu Te Avisei, A Fila Anda, Depois da Tempestade e outras estão repletas de mensagens e protestos, basta enxergar além da caixinha do romantismo.

111 tiros, pra 5 jovens pretos
Com o armas e o motivos pra isso
Nem numa calculadora quebrada a conta fecha
Mais um culpado seria eu se ficasse omisso

Não existe nenhuma explicação neste verso que já não esteja clara o suficiente. Caso não saiba, procure pela notícia na *internet*.

O povo gosta de fenômenos, normal
Rejeita trabalhadores, também é usual
Já que eu nunca fui fenômeno, mandei bem a real
Me transformei num trabalhador fenomenal

Nunca fui um fenômeno artístico, muito menos minha ascensão foi meteórica. Cada tijolinho desta construção foi trabalhado e moldado com muito suor e sangue (não tive muito tempo paras as lágrimas). Acredito que é isso que me dá credibilidade nos lugares que chego. Não que eu não quisesse que as coisas acontecessem de maneira mais prática, seria hipocrisia dizer isto, mas eu me vejo mais como um cara que se desenvolve através do esforço e da própria força de vontade do que como um cara que foi atingido por um raio de talentos e superpoderes e foi descoberto pelo mundo no dia seguinte.

Me considero muito bom rimando, mas sou melhor ainda na arte da dedicação. No futebol, eu estaria mais para Cristiano Ronaldo do que para Messi.

Querido diário, encerro aqui minha transmissão
Você foi minha terapia, minha confissão
Pedaço do legado que vai ficar pra trás
É hora de crescer já que aqui não me cabe mais

Quis que a sequência *Diário de Bordo* tivesse um fim. Quis por um ponto final, pois gostaria que essas músicas marcassem uma época na vida dos ouvintes e deixassem saudade, não queria que se tornassem algo que daqui um determinado tempo as pessoas começassem a dizer coisas do tipo: "Tá na hora de parar, né Rashid?!!".

Na vida tudo deve passar, e as coisas boas são aquelas que marcam e fazem falta. *Diário de Bordo* foi isso: algo para marcar, ficar para a história e deixar saudade.

2010/11/12/14/15

Gratidão

2014

Gratidão é uma palavra muito forte, não à toa, tem um significado ainda mais forte e bonito: ação de reconhecer ou prestar reconhecimento por uma ação e/ou benefício recebido.

Estava atravessando mais um momento especial em minha carreira, em que meus lançamentos estavam caminhando muito bem, minha última *mixtape* até então também estava andando bem mesmo após um ano de lançamento, nossos números não paravam de crescer e, inclusive, nossa página no Facebook se aproximava de um milhão de "curtidores". Acredito que esse tenha sido o estopim para uma ideia de uma música que seria uma das mais especiais de minha carreira.

Um milhão de pessoas conhecendo o trabalho de um artista independente e gostando desse trabalho a ponto de se dirigir a uma página específica e clicar num botão que lhes permitirá saber de novidades e lançamentos desse artista. Acho isso incrível, não apenas pelo ponto de vista dos números, mas pela perspectiva de um artista que lutou para alcançar essas pessoas e realmente conseguiu alcançar.

Pensei então "Por que não fazer uma música para comemorar tudo isso? Ou melhor, por que não fazer uma música que expresse minha gratidão a todas as pessoas e circunstâncias que me permitiram chegar aqui???".

A partir daí, nasceu a ideia para a faixa *Gratidão*, que propositalmente eu deixei para o último capítulo, tanto porque talvez seja minha música com mais significados (e agradecimentos) ocultos, quanto como forma de agradecimento a você que está lendo esse livro.

Tudo conspirou para que fosse uma música especial.

O Coyote veio passar uns dias em minha casa e eu já havia falado para ele sobre essa música. Durante alguns dias, pesquisamos *samples* que transmitissem a emoção que precisávamos, e sem sucesso, encerrávamos nossas sessões toda noite.

Acho que o artista americano que mais me inspire seja o Jay-Z, sou grande fã do trabalho dele. Acompanho quase tudo que ele faz e lança, e geralmente sempre tiro boas lições disso.

Num dia qualquer, ouvindo um dos tantos discos dele, tive a ideia de usar o mesmo *sample* que ele havia usado em um clássico, o que foi usado na icônica "Dead Presidents". O *sample* transmitia perfeitamente o sentimento que eu queria passar com a letra e agregaria mais um agradecimento à faixa, mesmo que subliminar, ao próprio Jay-Z.

No dia seguinte, Coyote produziu o instrumental perfeitamente, e o Julio Mossil (meu produtor, diretor musical, de palco e músico) tocou o baixo que faltava para dar mais vida ainda ao *beat*.

Na semana seguinte, eu estava assistindo uma entrevista do Sabotage no *Youtube* e encontrei uma fala que se encaixava perfeitamente ao discurso que carrego durante toda a minha carreira e, em especial, no caso da *Gratidão*. Além de reforçar (e muito) a mensagem da composição, essa fala deixaria ali de forma implícita, mais um agradecimento, ao mestre Sabotage.

Não queria nenhum tipo de problema (de direitos, no caso), então resolvi tentar falar com os familiares dele para conseguir a autorização para usar a fala. Eu já havia me encontrado com seu filho, o Wanderson "Sabotinha", e naquela oportunidade conversamos bastante e pegamos o número de telefone um do outro.

Quando perguntei a ele sobre a possibilidade de usar a entrevista de seu pai em minha música, me surpreendi com a empolgação em sua resposta, que foi positiva. Ali, eu soube, devido à forma como as coisas estavam se desenrolando, que essa seria uma música especial em vários sentidos.

Vários elementos da música já continham suas mensagens de gratidão, agora era a vez da letra, que foi direcionada aos fãs, minha família e meus ídolos na música:

Era um pivete aos 16, em pé desde às seis
Sonhador, por que não? E amanhã tudo outra vez
Através da matemática da vida se narra
Ao invés do 16, assinei 16 barra

Gratidão

Aos 16 anos estava em Minas Gerais e minha rotina era acordar antes das seis da manhã de segunda a sexta para ir à escola. Até então, tudo normal, mas a graça desse verso também está na brincadeira com os números mais adiante.

"*Ao invés do 16, assinei 16 barra*" faz menção ao antigo Artigo 16 da lei de drogas 6.368/76 que consistia em pena para quem fosse pego com drogas, mesmo que para o próprio consumo. Essa lei foi revogada nos anos dois mil.

Com a expressão "16 barras", me refiro ao tamanho usual de um verso completo num Rap, que geralmente possui oito rimas que são divididas em dezesseis linhas ou dezesseis barras.

Basicamente, essa rima quer dizer que a única "droga" da qual tive posse em toda minha vida foram minhas rimas, já que nunca experimentei nada além do álcool e do cigarro (as duas piores) em minha adolescência.

E quantos mano perdido
Foram salvos pelo som que cê diz ser de bandido?

Incrível como as pessoas ainda carregam uma visão erroneamente estereotipada e excludente do Rap, quando o Rap e os elementos do Hip-Hop em geral têm um histórico absurdo de resgate da juventude.

No brilho da retina, a luz que desfibrila
Quando cata cada verso que fuzila

Quando você escuta aquele verso ou aquela música que faz seu olho brilhar e reviver tudo aquilo que você sentiu quando começou a ouvir e/ou fazer Rap.

Vamos partir pras cabeça, pras rádio, pros lábios
Desde hora de acordar tamo confundindo sábios

Hora de Acordar foi meu primeiro lançamento expressivo e até aquele momento, *Confundindo Sábios* foi o último. Minha trajetória na música, de 2010 a 2014, resumida em uma barra.

> *Aos mestres com carinho cada nota*
> *Cartola, Tim Maia, Sabota*　　　　　　　　　　　　　　2014
> *Abra os olhos, obtenha visão de rua, tio*
> *Falo de Dina Di, não de* Google Street View
> *Mil e uma noites com os livro da prateleira*
> *Trafico informação e meu produto é de primeira*
> *De alma e coração*
> *O mundo não quis nem me dar emprego, o Rap me deu uma*
> 　　　　　　　　　　　　　　　　　　　　　　　*profissão*!!!

Adoro essa parte da música!

Primeiro, o agradecimento aos mestres, pessoas que mesmo não estando mais entre nós continuam me inspirando com suas obras incríveis. Para quem não sabe, Visão de Rua era o nome do grupo do qual Dina Di fazia parte e usei como metáfora o *Google Street View*, que é um recurso do *Google Maps* e na tradução para o português seria algo como "*Google* visão das ruas" ou "vista das ruas".

Mais pro final do verso, ainda cito *Traficando Informação* que é um álbum clássico do MV Bill, e agradeço ao Rap por ter me dado uma profissão e não só um trabalho.

> *Desde o Santa Cruz, essa é minha via sacra*
> *Cada som é 1 filho e eu faço mais que o Mr Catra*

Via sacra é um dos nomes dados ao trajeto de Jesus Cristo até o calvário enquanto carregava a cruz (também é chamado de via crúcis). O que quis dizer com essa expressão é que todo talento representa uma benção, mas também uma cruz para quem resolve assumi-lo como meio de vida. Minha via sacra começou na Batalha do Santa Cruz (batalha de improviso que acontece há mais de 10 anos na calçada do metrô Santa Cruz, zona sul de SP).

Nossa família é crescente
Minha mãe me disse "filho, brilha!" e eu gosto de ser obediente!

Gratidão

As pessoas devem imaginar que escrevi esse verso apenas para finalizar a música com uma frase de efeito, mas a verdade é que essa conversa existiu realmente.

Minha mãe sempre costuma me falar coisas assim ao telefone. Ela sempre tem palavras de conforto e fé, me desejando proteção e prosperidade no trabalho. Numa dessas ligações, não me lembro exatamente quando, ela me disse algo do tipo: "Brilha mesmo, meu filho", e aquilo renovou meu fôlego. Essa foi minha forma de agradecê-la publicamente, numa música que mais tarde receberia um vídeo clipe que teria milhões de visualizações.

Falando sobre o clipe, uma música tão especial não poderia passar em branco, então resolvemos fazer um vídeo para ela e eu pude realizar um sonho antigo, filmar na Serra de Ijaci, lugar onde passei minha adolescência.

Mais uma vez, essa era minha forma de agradecer, dessa vez à terra que me trouxe tantas coisas boas.

Meses após o lançamento da música, Daniela, Julio Mossil, DJ Claytão, Bruno Cons (o diretor do vídeo) e eu pegamos a estrada rumo a Minas Gerais.

Em dois dias, a gente já havia captado as mais lindas imagens para o vídeo mas eu ainda não estava contente. Já havíamos filmado nas estradas nas quais eu andava, na represa na qual eu nadava, na antiga casa dos meus avós maternos e havíamos filmado até a entrada da casa onde eu morava no momento em que alguns fãs me chamaram para autografar alguns CDs e camisetas.

Ainda não estava contente porque queria algo que adicionasse mais emoção ao projeto, para que o espectador realmente sentisse como foi fazer aquela viagem, aquele vídeo e aquela música.

Então tive uma ideia e fui perguntar à minha mãe se ela toparia dar um depoimento para que a gente colocasse no clipe. Imaginei que ela fosse negar de cara e eu teria de convencê-la, mas me enganei, ela topou na hora! Quando ela concordou em ser filmada, resolvi sair para dar uma volta porque não queria que ela se sentisse constrangida pela minha presença e também não queria saber o que ela falaria.

Fui para a rua e demorei a voltar, quando voltei, tudo estava pronto e todos estavam alegremente tocados, emocionados. Percebi isso no jeito como se portavam e aquilo me trouxe uma paz. Pensei: "Minha mãe deve ter falado algo muito bom!", mas não fazia ideia do quão bom seria. Só fui saber na primeira vez que assisti ao clipe pronto, semanas depois, quando já havíamos voltado para São Paulo e, inclusive, estávamos na estrada novamente indo para algum show no interior de São Paulo. Paramos no Graal (restaurante de estrada) e resolvi tentar assistir mesmo com o sinal ruim no celular. Não consegui ver mais do que 30 segundos, a *internet* estava horrível e aquilo só aumentou minha curiosidade.

Seguimos viagem e eu estava terrivelmente ansioso para ver o resultado final.

Horas depois, ao chegar ao hotel, pude ver o clipe e conferir o depoimento de minha mãe. Me lembro que chorei, surpreso, emocionado, feliz e cheio de saudade. Chorei orgulhoso, da família que tenho e do que estava construindo. Chorei de felicidade me sentindo o maior artista do mundo, pois minha mãe estava dentro da minha arte junto comigo.

E novamente, mesmo sem saber, minha mãe renovou meu fôlego para que eu continuasse correndo, desta vez mais forte, mais rápido e mais focado. Se isso não for motivo suficiente para ser grato, não sei o que pode ser.

O que ela disse...

Neste meu primeiro livro, eu quis trazer à tona para vocês as experiências que muitas vezes eu coloco nas rimas, mas de uma forma não muito clara. Quis desmembrar ideias e esclarecer significados de algumas metáforas que gosto tanto de usar. Quis me aproximar um pouco mais de cada um de vocês, falando sobre coisas que nunca falei e permitindo que você me conheça um pouquinho mais.

Sou um rimador, um MC, um Rapper... Chame como quiser, mas as rimas ainda são meu tipo favorito de escrita.

Gratidão   Me aventurei nestas páginas em branco porque não importa o quão bom eu seja na minha arte, algumas ideias rimam mais do que as palavras e gostaria que vocês conhecessem essas ideias.
As ideias que me fazem ser quem eu sou e o que eu sou.
Como retribuição, quero deixar aqui o que é, sem dúvida nenhuma, um dos textos mais inspiradores que já li, aliás, ouvi. A fala de minha mãe no fim do clipe da música *Gratidão*.
Obrigado e até mais!

Nós viemos para cá, para Ijaci, o Michel ainda era criança, adolescente. Ele começou a estudar. Já tinha em mente aquele processo de ficar escrevendo músicas, né?!!

Durante esse tempo que a gente ficou aqui, que ele esteve conosco, foi uma vida muito difícil, foi muito forçado porque até para a "panha" de café ele já foi com a gente.

Foi muito importante ele participar de tudo isso porque ele viu que não é fácil. A vida aqui na roça é muito diferente do que lá em São Paulo, na cidade grande.

Eu como mãe tenho muito orgulho disso porque ele sempre me ouviu. Inclusive ele queria ter largado os estudos na metade, quase na metade do ano e eu falei: "Não, Michel, fica! Continua aí que você termina aí o segundo, vai e depois continua sua carreira da forma que você achar melhor e mais favorável pra você".

Então ele foi realmente e continuou, terminou e deu nisso aí, né?!!

Tá fazendo sucesso e eu dou graças a Deus porque ele é uma pessoa abençoada, ele é uma pessoa simples e tudo que o mundo aí fora precisa é uma pessoa simples que tenha uma ideia aberta e ampla para tudo.

E eu falo parabéns para ele porque ele é um verdadeiro guerreiro, ele é um guerreiro. Meu filho é um guerreiro.

Tem uma música dele que ele até fala assim: "O quê que será que minha mãe pensa agora de mim?". Eu penso que ele é um vitorioso e eu creio que ele vai ter muito mais que isso ainda aí pra frente e o mundo vai ver isso!

Valdecília Vitória Dias

Créditos das músicas

Quando Eu Morrer (Rashid / Apolo)
Editado por Foco Na Missão (Admin. Warner Chappell)

Hora de Acordar (Rashid / Marechal / Luiz Café / Luiz Guima)
Editado por Foco Na Missão (Admin. Warner Chappell)

E Se (Rashid / Laudz)
Editado por Foco Na Missão (Admin. Warner Chappell)

Bilhete (Rashid / Nave)
Editado por Foco Na Missão (Admin. Warner Chappell)

Por Quanto Tempo (Rashid / Dario / Fióti)
Editado por Foco Na Missão (Admin. Warner Chappell)

Acendam as Luzes (Rashid / Luiz Café / Marechal)
Editado por Foco Na Missão (Admin. Warner Chappell)

Vou Ser Mais (Rashid)
Editado por Foco Na Missão (Admin. Warner Chappell)

Selva (Rashid / Laudz)
Editado por Foco Na Missão (Admin. Warner Chappell)

Poucos e Bons (Rashid / Skeeter)
Editado por Foco Na Missão (Admin. Warner Chappell)

Revoilusão (Rashid / Laudz)
Editado por Foco Na Missão (Admin. Warner Chappell)

Pessoas São (Rashid)
Editado por Foco Na Missão (Admin. Warner Chappell)

Créditos das músicas

Que Assim Seja (Rashid / Casp / Flora Matos)
Editado por Foco Na Missão (Admin. Warner Chappell)

Drama (Rashid / Ogi)
Editado por Foco Na Missão (Admin. Warner Chappell)

Se o Mundo Acabar (Rashid / DJ Caique)
Editado por Foco Na Missão (Admin. Warner Chappell)

Rolê de Kadet (Rashid)
Editado por Foco Na Missão (Admin. Warner Chappell)

Quando Éramos Reis (Rashid / Renan Samam)
Editado por Foco Na Missão (Admin. Warner Chappell)

Em Alguma Esquina (Rashid / Hand)
Editado por Foco Na Missão (Admin. Warner Chappell)

Virando a Mesa (Rashid / Coyote)
Editado por Foco Na Missão (Admin. Warner Chappell)

Crônica da Maldita Saudade (Rashid / Di Melo / LX / Léo Grijó)
Editado por Foco Na Missão (Admin. Warner Chappell)

Coisas Dessa Vida (Rashid / Rael / Felipe Vassão)
Editado por Foco Na Missão (Admin. Warner Chappell)

Confundindo Sábios (Rashid / Emicida / Coyote)
Editado por Foco Na Missão (Admin. Warner Chappell)

Mil Cairão (Rashid / DJ Caique)
Editado por Foco Na Missão (Admin. Warner Chappell)

Diário de Bordo (Rashid / DJ Caique)
Editado por Foco Na Missão (Admin. Warner Chappell)

Diário de Bordo 2 (Rashid / DJ Caique)
Editado por Foco Na Missão (Admin. Warner Chappell)

Diário de Bordo 3 (Rashid / DJ Caique)
Editado por Foco Na Missão (Admin. Warner Chappell)

Diário de Bordo 4 (Rashid / DJ Caique)
Editado por Foco Na Missão (Admin. Warner Chappell)

Diário de Bordo 5 (Rashid / DJ Caique)
Editado por Foco Na Missão (Admin. Warner Chappell)

Gratidão (Rashid / Coyote)
Editado por Foco Na Missão (Admin. Warner Chappell)

CONTATO
daniela@rashid.com.br | +55 11 2640 7985 | +55 11 97144 4844

FOCO NA MISSÃO PRODUÇÕES LTDA ME
CNPJ: 20.668.373/0001-42
Av. Zumkeller, 509 – sala 6 – Pq Mandaqui
São Paulo – SP – CEP: 02420-000

DISTRIBUIÇÃO POR
LiteraRUA
CNPJ: 16.960.476/0001-04
Av. Deputado Emílio Carlos, 149 – sala 4 – Bairro do Limão
São Paulo – SP – CEP: 02721-000

TÍTULO Ideias que rimam mais que palavras
AUTOR Rashid
FORMATO 13 × 21 cm
NÚMERO DE PÁGINAS 108

ESTE LIVRO FOI COMPOSTO EM SABON
E IMPRESSO EM 2018
2ª REIMPRESSÃO
MAIO 2021